JN412291

성공의 지름길!!

비즈니스 한국어

박창원, 전혜영, 이해영, 김현진, 최형용, 박선희 지음

이화 한국학 국제화 총서 1
성공의 지름길, 비즈니스 한국어

2010년 12월 31일 1판 1쇄

지 은 이 박창원 · 전혜영 · 이해영 · 김현진 · 최형용 · 박선희

발 행 인 임 삼 규
발 행 처 **지 문 당**
주 소 413-756 경기도 파주시 교하읍 문발리 514-7(본사)
110-360 서울시 종로구 와룡동 95번지(서울사무소)
등 록 1997. 12. 30. 제1-2268호
영 업 부 (02)743-3192~3 팩스(02)742-4657
전자우편 sale@jimoon.co.kr
편 집 부 (02)743-0227 팩스(02)743-3097
전자우편 edit@jimoon.co.kr
홈페이지 www.jimoon.co.kr

ISBN 978-89-6297-021-0
ISBN 978-89-6297-020-3(set)

가격 20,000원(CD 포함)

사진 : 손우진
삽화 : 배미영
녹음 : 전승화, 차명화, 최정호

이 도서의 국립중앙도서관 출판시도서목록(CIP)은 e-CIP 홈페이지(http://www.nl.go.kr/ecip)
에서 이용하실 수 있습니다.(CIP제어번호 : CIP2010004734)

지문당

「이 책은 이화여자대학교의 제2단계 교내 한국학 특성화 사업 지원으로 출판하였습니다.」

발간사

한국문화연구원은 한국의 문화를 발굴 · 연구하고, 해외에 이를 적극적으로 소개하기 위해 1958년도에 창립되었다. 이는 전후 암울한 시대상황 속에서 전통에 대한 부정적 인식을 극복하고 홍수처럼 쏟아지는 외래 문물 속에서 한국문화에 대한 자긍심을 고취하려는 시도의 소산이었다. 본 연구원은 이화여자대학교가 설립한 최초의 연구기관으로서 한국문화 · 한국학의 연구와 이에 기초한 국제화, 문화홍보를 중시해왔다. 이후 한국문화에 기초한 국제화가 한국문화연구원의 주요 사업의 하나로 자리 잡게 되었다.

21세기는 학문과 문화적 교류를 통한 글로벌 시대를 지향하고 있다. 인류사회의 보편성과 각국의 고유한 특수성, 다양성이 존중되기 위해서는 적극적인 노력이 필요하다. '세계 속의 한국'을 향한 비전도 한국문화의 고유성에 관한 연구를 통해 뒷받침된다. 이화여자대학교는 이러한 시대적 요구에 부응하기 위해 한국학 특성화 사업을 추진하여 왔다. 이는 한국문화의 전통을 중시하고 이를 활용한 국제적 소통의 적극적 노력이었다.

지난 50여 년간 다양한 분야에 걸쳐 종합적인 한국학 연구를 진행해 온 한국문화연구원은 이화여자대학교의 제2단계 한국학 특성화 사업단으로 선정되었다. 본 연구원의 '한국학 · 한국문화 교육의 특성화 사업단'은 국내외 외국인 대학생 및 해외 동포들에게 실용적이면서도 전문적인 지식을 전달할 수 있는 한국의 언어 · 역사 · 예술 · 문화에 관한 통합적인 교재 개발을 사업목표로 설정하였다. 이를 위해 해당 분야에서 전문 경력과 심도 있는 연구 성과를 갖춘 본교 교원을 집필진으로 선정했으며, 오랜 연구 · 개발 · 집필의 결과 '이화 한국학 국제화 총서'를 출간하게 되었다.

'이화 한국학 국제화 총서'는 한국의 언어, 역사, 예술, 현대문화 네 분야의 교재로 구성되어 있다. '한국어' 교재는 외국인들의 한국어 이해 · 표현 능력을 향상시키기 위한 실용성과 전문성을 두루 갖춘 전문 교재로, 한국의 언어와 문화를 통합적으로 학습하는 데 활용될 것이다. '한국사' 교재는 개발과정에서 해외 주요 대학과 적극적인 교류를 통해 외국인들의 한국사에 대한 이해도와 요구를 반영함으로써 왜곡된 한국역사상을 교정하는 한편 외국인들에게 한국사를 체계적이고 쉽게 전달하는 데 도움을 줄 수 있을 것이다. '한국 예술' 교재는 통합적 한국 예술 개론서로, 미술 · 음악 · 무용 분야 등의 풍부한 시청각 자료를 수록하고 있다. 이에 각국의 한국문화원, 박물관 등과 연계하여 보다 수준 높은 한국 예술을 학습할 수 있는 활용서로 이용될 것이다. '한국 현대문화' 교재는 국내외에서 수요가 급증하고 있는 문화 · 현장중심, 현대문화 현상을 반영했으며, 문학 · 영화 · 신문 · TV · 인터넷 등의 대중매체 영역을 중심으로 현대문화를 소개하고 있다.

'이화 한국학 국제화 총서'는 앞으로 한국문화에 대한 국제적인 홍보는 물론, 한국문화 · 한국학의 국제적 확산과 보급에 기여할 것으로 생각한다. 어려운 여건 속에서도 교재 집필에 참여해주신 연구진들의 노고에 감사드리며, 이분들의 노고가 빛을 발하길 기대한다.

2010년 10월

이화여자대학교

한국학 · 한국문화 교육의 국제화 사업단장 겸

한국문화연구원장

전혜영

Contents

교재 구성표

단원	제목	듣고 말하기	읽고 쓰기	주제 관련 어휘와 표현	문법과 표현
01	직업과 적성	적성에 맞는 회사 지원하기	자기소개서	성격, 적성	-(으)ㄹ 것 같다 -았/었으면 좋겠다
02	취직 준비	취업 준비에 대해 조언 구하기	이력서	취업 조건	-아/어 놓다 -(으)ㄹ 때
03	시간 관리	여가 활용에 대해 제안하기	시테크 전략	시간	-는 동안 -기 위해서
04	사내 동호회	동호회 가입 제안하기	동호회 가입 신청서	자기 계발	-아/어서 -는데
05	회사의 조직과 업무	상사 호칭에 대해 조언하기	조직도 및 업무 설명	직장 호칭	-(으)ㄹ까 봐 -(으)ㄹ래요
06	일의 순서	일의 순서 조언하기	해야 할 일 분류	일 처리	-기(가) 쉽다/어렵다 -(으)니까
07	온라인 업무	전자 결재 방식의 장단점 말하기	공식적인 팩스	온라인 업무	-(으)ㄹ 수도 있다 -아/어도
08	대인 관계	대인 관계 개선에 대해 조언하기	감사의 이메일	대인 관계	-(으)ㄴ 게 아니라 -(으)ㄹ 테니까
09	전화 업무	메모 남기기	휴대 전화 이용 계약 신청서	전화	-ㄴ/는다고 하다 -다가
10	출장	출장 일정 변경하기	출장 보고서	출장	-고 나서 -냐고 묻다

단원	제목	듣고 말하기	읽고 쓰기	주제 관련 어휘와 표현	문법과 표현
11	월급과 재테크	재테크 방법 묻기	가계 보고서	재테크	-(으)ㄴ/는 편이다 -는 대로
12	업무 스트레스	스트레스 해소법 조언하기	결근 사유서	스트레스	-자고 하다 -(으)라고 하다
13	휴가	휴가 계획 묻기	휴가 후유증	휴가	-(으)면서 -도록
14	발표와 협상	발표 유의 사항 말하기	효과적인 협상법	발표	-ㄴ/는다면 -(으)려고 해도
15	홍보	홍보에 대해 조언하기	홍보 기획문	홍보	-기 바랍니다 -기는 하지만
16	무역	경제 상황에 대해 말하기	무역 전망	무역	-더라도 덕분에
17	벤처 기업	벤처 기업 정보 얻기	벤처 기업 소개	회사 경영	-(으)ㄴ/는 대신에 -(이)라고 할 수 있다
18	경제 변화와 혁신	자료 조사 부탁하기	혁신적인 아이디어 제품	제품 개발	-아/어야 -(으)ㄹ지도 모르다
19	직장 윤리와 문화	직장 문화에 대해 묻기	윤리 경영 Q&A	윤리	-(으)ㄴ/는 데다가 -곤 하다
20	승진	승진 후 포부 묻기	좋은 업무, 태도, 경쟁력	지도력	-에 비해 -(으)ㄴ/는 만큼

Instruction

『성공의 지름길, 비즈니스 한국어』는 한국 기업에 취업을 하려고 준비 중이거나 한국 기업에서 일하고 있는 외국인 학습자들을 대상으로 한 교재이다. 본 교재는 직장 생활에서 접할 수 있는 실용적인 한국어를 학습할 수 있도록 하는 데 목적을 두고 집필되었다.

『성공의 지름길, 비즈니스 한국어』는 총 20개 단원으로 구성되어 있다. 취업 준비를 위한 과제 활동과 취업 후 한국어 직무 능력 향상을 위한 과제 활동이 모두 포함되어 있는데 각 단원은 듣고 말하기, 읽고 쓰기, 주제 관련 어휘와 표현, 문법과 표현으로 구성되어 있다.

단원 표지

- 단원의 주제와 학습 내용, 목표를 영역별로 알려 준다.

듣고 말하기

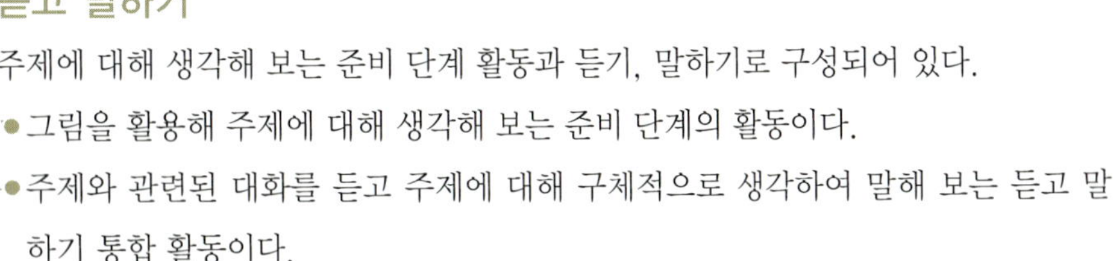

주제에 대해 생각해 보는 준비 단계 활동과 듣기, 말하기로 구성되어 있다.

- 그림을 활용해 주제에 대해 생각해 보는 준비 단계의 활동이다.
- 주제와 관련된 대화를 듣고 주제에 대해 구체적으로 생각하여 말해 보는 듣고 말하기 통합 활동이다.

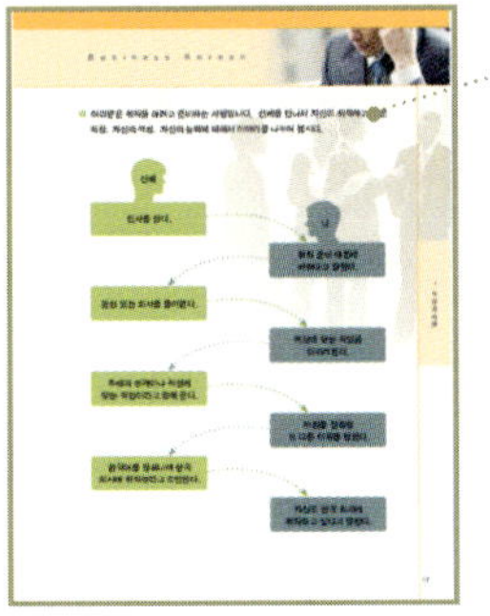

- 주어진 상황, 역할에 맞게 대화를 구성해 보는 말하기 활동이다.

Instruction

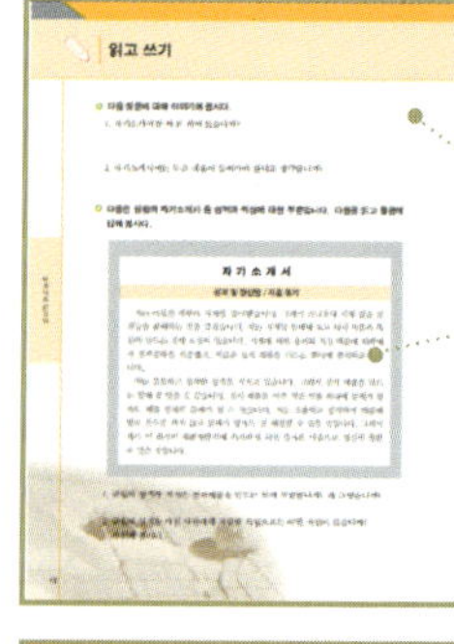

읽고 쓰기

생각해 보는 준비 단계의 활동과 읽기, 쓰기로 구성되어 있다.

- 읽을 주제에 대해 생각해 보는 준비 단계의 활동이다.
- 주제와 관련된 자료를 읽고 이에 대한 내용 이해를 점검하는 활동이다.

- 읽은 내용을 바탕으로 하여 자신의 글을 써 보는 활동이다.

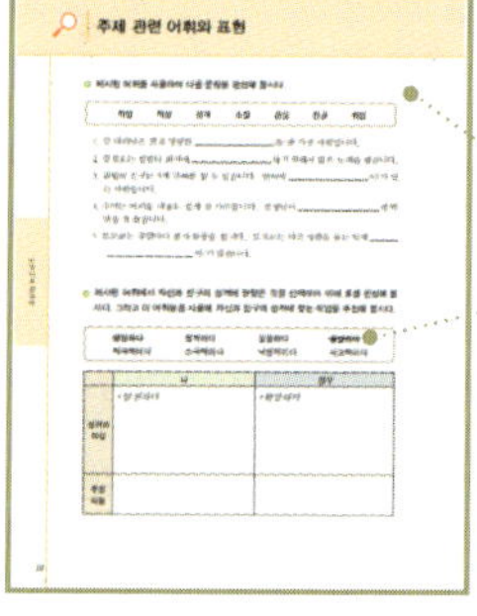

주제 관련 어휘와 표현

어휘와 표현으로 구성되어 있다.

- 주제와 관련된 필수 어휘를 익히고 이를 점검하는 활동이다.
- 주제와 관련된 표현을 익히고 이를 활용해 말하기를 해 보는 활동이다. 학습한 내용을 바탕으로 자신의 경험과 다른 사람의 경험을 비교하는 말하기 활동도 함께 해 볼 수 있도록 구성되어 있다.

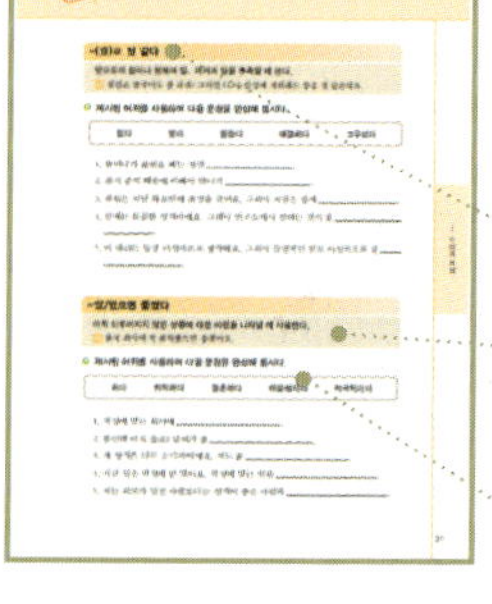

문법과 표현

필수적인 중급 문법을 익히는 영역으로 학습 목표 문법에 대한 설명과 예문, 연습 문제로 구성되어 있다.

- 학습 목표인 문법항목이다.
- 문법의 쓰임을 정확하게 이해할 수 있도록 설명과 이에 해당하는 예문으로 구성되어 있다.
- 문법을 정확히 이해했는지 점검할 수 있는 연습 문제이다.

고마츠 토모코(일본)

이수연(한국)

김영수(한국)

성공의 지름길!!

비즈니스

안드레아스 발터(독일)

캐런 핑(중국-홍콩)

마이크 김(미국)

필립 아만(말레이시아)

박민서(한국)

박동하(한국)

한국어

강미정(한국)

최철수(한국)

김영희(한국)

이정현(한국)

| 성공의 지름길 비즈니스 한국어 |

Business Korean

01

직업과 적성

듣고 말하기	적성에 맞는 회사 지원하기
읽고 쓰기	자기소개서
주제 관련 어휘와 표현	성격, 적성
문법과 표현	–(으)ㄹ 것 같다, –았/었으면 좋겠다

듣고 말하기

○ 다음 질문에 대해 이야기해 봅시다.

1. 다음 그림 중 현재 자신의 직업 또는 앞으로 갖고 싶은 직업은 무엇입니까?

미용사

소방관

의사

경찰

2. 여러분이 흥미를 가지고 있는 직업은 무엇입니까? 여러분의 성격과 잘 맞습니까?
3. 여러분이 원하는 직업은 여러분의 적성과 잘 맞습니까? 아니라면 어떤 일이 자신의 적성과 잘 맞습니까?

○ 필립은 학교 선배 김영수와 취직 준비에 대해 이야기하고 있습니다. 다음을 듣고 질문에 대해 이야기해 봅시다.

Track 1

1. 필립의 적성에 맞는 직업은 무엇입니까?

2. 이 대화를 끝낸 후 필립은 무엇을 하면 좋을까요?

- 여러분은 취직을 하려고 준비하는 사람입니다. 선배를 만나서 자신이 취직하고 싶은 직장, 자신의 적성, 자신의 능력에 대해서 이야기를 나누어 봅시다.

선배: 인사를 한다.

나: 취직 준비 때문에 바쁘다고 말한다.

선배: 관심 있는 회사를 물어본다.

나: 적성에 맞는 직업을 이야기한다.

선배: 후배의 성격이나 적성에 맞는 직업이라고 말해 준다.

나: 지원을 결정한 또 다른 이유를 말한다.

선배: 한국어를 잘하니까 한국 회사에 취직하라고 조언한다.

나: 자신도 한국 회사에 취직하고 싶다고 말한다.

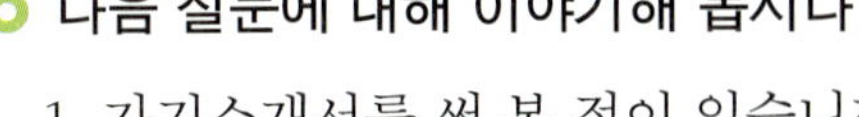

읽고 쓰기

● 다음 질문에 대해 이야기해 봅시다.

1. 자기소개서를 써 본 적이 있습니까?

2. 자기소개서에는 무슨 내용이 들어가야 한다고 생각합니까?

● 다음은 필립의 자기소개서 중 성격과 적성에 대한 부분입니다. 다음을 읽고 물음에 답해 봅시다.

> **자 기 소 개 서**
>
> **성격 및 장단점 / 지원 동기**
>
> 저는 어렸을 때부터 기계를 좋아했습니다. 그래서 라디오나 시계 같은 물건들을 분해하는 것을 즐겼습니다. 저는 기계를 분해해 보고 다시 처음과 똑같이 만드는 것에 소질이 있습니다. 기계에 대한 흥미와 적성 때문에 대학에서 전자공학을 전공했고, 지금은 전자 제품을 만드는 회사에 취직하고 싶습니다.
>
> 저는 꼼꼼하고 침착한 성격을 가지고 있습니다. 그래서 전자 제품을 만드는 일에 잘 맞을 것 같습니다. 전자 제품은 아주 작은 부품 하나에 문제가 생겨도 제품 전체의 문제가 될 수 있습니다. 저는 조용하고 침착하기 때문에 별로 실수를 하지 않고 문제가 생겨도 잘 해결할 수 있을 것입니다. 그래서 제가 이 회사의 제품개발부에 취직하게 되면 즐거운 마음으로 열심히 일할 수 있을 것입니다.

1. 필립의 성격과 적성은 전자제품을 만드는 일에 적합합니까? 왜 그렇습니까?

2. 필립의 성격을 가진 사람에게 적합한 직업으로는 어떤 직업이 있습니까? 추천해 봅시다.

◦ 앞의 글을 참고하여 자신의 성격과 적성을 중심으로 자기소개서를 써 봅시다.

자 기 소 개 서

성장 과정

성격 및 장단점 / 지원 동기

주제 관련 어휘와 표현

- 제시된 어휘를 사용하여 다음 문장을 완성해 봅시다.

직업	적성	성격	소질	관심	전공	취업

1. 김 대리님은 밝고 명랑한 ________________을/를 가진 사람입니다.
2. 김철호는 컴퓨터 회사에 ________________하기 위해서 많은 노력을 했습니다.
3. 필립의 친구는 5개 국어를 할 수 있습니다. 언어에 ________________이/가 있는 사람입니다.
4. 수미는 어려운 내용도 쉽게 잘 가르칩니다. 선생님이 ________________에 딱 맞을 것 같습니다.
5. 토모코는 주말마다 봉사 활동을 합니다. 토모코는 다른 사람을 돕는 일에 ________________이/가 많습니다.

- 제시된 어휘에서 자신과 친구의 성격에 알맞은 것을 선택하여 아래 표를 완성해 봅시다. 그리고 이 어휘들을 사용해 자신과 친구의 성격에 맞는 직업을 추천해 봅시다.

~~얌전하다~~	침착하다	꼼꼼하다	~~활발하다~~
적극적이다	소극적이다	낙천적이다	사교적이다

	나	친구
성격과 적성	◦ *얌전하다*	◦ *활발하다*
추천 직업		

문법과 표현

-(으)ㄹ 것 같다

앞으로의 일이나 현재의 일, 과거의 일을 추측할 때 쓴다.

예 필립은 한국어도 잘 하죠? 그러면 LG나 삼성에 지원해도 좋을 것 같은데요.

○ 제시된 어휘를 사용하여 다음 문장을 완성해 봅시다.

없다	맞다	힘들다	해결하다	고우셨다

1. 할머니가 젊었을 때는 정말 ____________.
2. 취직 준비 때문에 바빠서 만나기 ____________.
3. 필립은 지난 화요일에 출장을 갔어요. 그래서 지금은 집에 ____________.
4. 선배는 꼼꼼한 성격이에요. 그래서 연구소에서 일하는 것이 잘 ____________.
5. 이 대리는 항상 이성적으로 생각해요. 그래서 감정적인 일도 이성적으로 잘 ____________.

-았/었으면 좋겠다

아직 이루어지지 않은 상황에 대한 바람을 나타낼 때 사용한다.

예 한국 회사에 꼭 취직했으면 좋겠어요.

○ 제시된 어휘를 사용하여 다음 문장을 완성해 봅시다.

하다	취직하다	결혼하다	따뜻해지다	적극적이다

1. 적성에 맞는 회사에 ____________.
2. 봄인데 아직 춥죠? 날씨가 좀 ____________.
3. 제 성격은 너무 소극적이에요. 저도 좀 ____________.
4. 지금 일은 적성에 안 맞아요. 적성에 맞는 일을 ____________.
5. 저는 외모가 멋진 사람보다는 성격이 좋은 사람과 ____________.

Business Korean

02

취직 준비

듣고 말하기	취업 준비에 대해 조언 구하기
읽고 쓰기	이력서
주제 관련 어휘와 표현	취업 조건
문법과 표현	-아/어 놓다, -(으)ㄹ 때

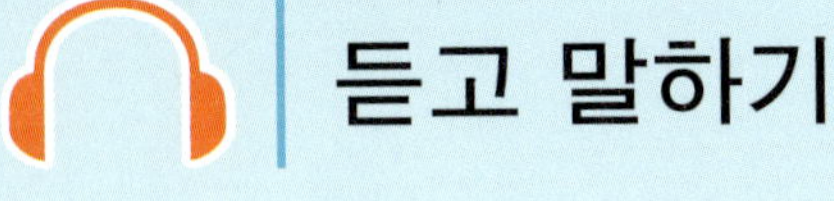

듣고 말하기

○ 다음 질문에 대해 이야기해 봅시다.

1. 다음 직업을 가지기 위해서는 어떤 경력이 필요합니까?

2. 여러분이 가지고 있는 경력은 어떤 직업을 가질 때 도움이 됩니까?

3. 취직을 위해서 무엇을 준비해야 하겠습니까?

○ 필립은 친구 정수연과 함께 이력서와 자기소개서 작성에 대해 이야기하고 있습니다. 다음을 듣고 질문에 대해 이야기해 봅시다.

Track 2

1. 취업을 위해 필립은 요즘 무엇을 하고 있습니까?

2. 필립은 한국 가전 제품 회사에 취직하려고 합니다. 필립은 이력서에 어떤 경력을 쓰는 것이 좋겠습니까?

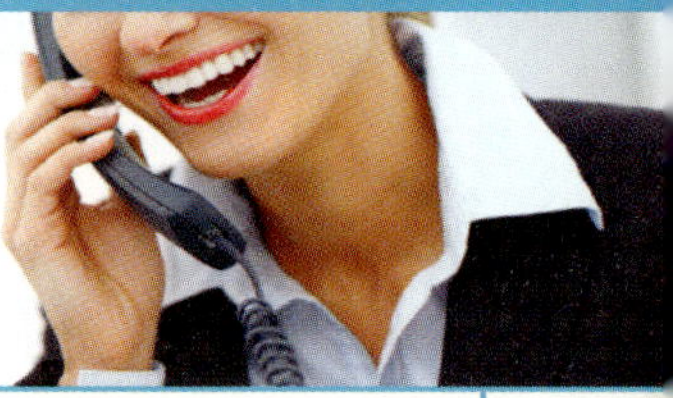

- 여러분은 취직을 하려고 자기소개서와 이력서를 준비하는 사람입니다. 친구와 함께 이력서에 쓸 내용에 대해 이야기해 봅시다.

친구

취업 준비가 잘 되고 있는지 묻는다.

나

이력서와 자기소개서를 쓰고 있다고 말한다.

자기도 이력서를 준비하고 있다고 말한다.

이력서에 쓸 경력이 없어 걱정한다.

아르바이트 한 것도 썼다고 말한다.

아르바이트 한 것도 경력이 되는지 확인한다.

일과 관련된 아르바이트는 경력이라고 알려 준다.

자신도 아르바이트 경험을 써야겠다고 말한다.

읽고 쓰기

다음 질문에 대해 이야기해 봅시다.

1. 이력서를 써 본 적이 있습니까?

2. 이력서에는 어떤 내용을 쓰도록 되어 있습니까?

다음은 필립의 이력서입니다. 다음을 읽고 물음에 답해 봅시다.

	이 력 서	
성 명	필립 아만	
생년월일	1986년 5월 3일생 (만 24세)	
주 소	338, Jalan Tuanku Abdul Rahman Kuala-Lumpur, Malaysia	
년 월 일	**학 력**	발 령 청
2008 8 15	말레이시아 쿠알라룸푸르 고등학교 졸업	
2008 9 1	말레이시아 국립대학교 (전기공학과) 입학	
2011 8 25	말레이시아 국립대학교 (전기공학과) 졸업 예정	
기 간	**경 력 사 항**	발 령 청
2009. 6.1. ~ 2010. 1.15	OO전자 대리점 영업 아르바이트	
2010. 6.1. ~ 2011. 1.27	XX전자 대리점 영업 아르바이트	
2011. 2.1. ~ 2011. 5.30	XX전자 인턴사원으로 근무	
취 득 일	**자격증 및 면허**	인증기관
2009 7 30	운전면허증 취득	
2011 4 30	한국어 능력 시험 6급 합격	한국교육과정평가원

1. 필립은 어떤 경력이 있습니까?

2. 한국 가전제품 회사에서 필립을 뽑았다면 필립 이력서의 어떤 내용이 도움이 되었을 것이라고 생각합니까?

앞의 글을 참고하여 자신의 이력서를 써 봅시다.

사 진	이 력 서	
	성 명	
	생년월일	년 월 일생 (만 세)
주 소		
년 월 일	학 력	발 령 청
기 간	경 력 사 항	발 령 청
취 득 일	자격증 및 면허	인증기관

주제 관련 어휘와 표현

- 제시된 어휘와 표현을 사용하여 다음 문장을 완성해 봅시다.

근무 경력 면허 자격증 이력서 인턴사원 신입 사원

1. 운전을 하기 위해서는 운전 ________________이/가 필요합니다.
2. 김영민 씨는 지난달 영업부에 새로 들어온 ________________입니다.
3. 취직을 하기 위해 ________________에 학력, 경력 등을 써서 준비합니다.
4. 안나 씨는 요리사 ________________을/를 취득하기 위해 열심히 요리 학원에 다닙니다.
5. ________________은/는 정식 직원은 아니지만, 관심 있는 분야의 일을 미리 배우고 경험할 수 있습니다.

- 제시된 표현에서 취직 준비를 위해 자신이 한 것과 앞으로 준비해야 할 것들을 선택하여 아래 표를 완성해 봅시다. 그리고 이 표현들을 사용해 앞으로 준비해야 할 것에 대해서 동료와 함께 이야기해 봅시다.

경력을 쌓다 ~~이력서를 쓰다~~ 학원에 다니다
자기소개서를 쓰다 인턴사원이 되다 ~~면허를 취득하다~~
관련 회사에 다니다 외국어를 공부하다

이미 한 것	준비해야 할 것
◦ 이력서를 쓰다	◦ 면허를 취득하다

문법과 표현

-아/어 놓다

어떤 일을 끝내고 그 상태를 유지할 때 사용한다.

예 다음 주에 원서를 접수해야 해요. 그래서 이번 주에 이력서를 써 놓으려고 해요.

● 제시된 어휘를 사용하여 다음 문장을 완성해 봅시다.

켜다	쓰다	치우다	취득하다	준비하다

1. 집을 비울 때는 집 안에 불을 ______________________.
2. 자격증을 ______________________ 취직이 더 쉽게 될 수 있어요.
3. 거래처 손님이 오기 전에 사무실을 깨끗이 ______________________.
4. 지난주에 지원 서류는 미리 다 ______________________. 이제 사진만 붙이면 됩니다.
5. 자기소개서를 ______________________ 아직 못 보냈어요. 한 번 더 확인하고 보내야겠어요.

-(으)ㄹ 때

동작이나 상태가 진행되는 때나 진행되는 동안을 나타낼 때 사용한다.

예 학교 다닐 때 아르바이트 안 했어요?

● 제시된 어휘를 사용하여 다음 문장을 완성해 봅시다.

사다	찍다	쌓이다	작성하다	운전하다

1. 이력서를 ______________________ 주의해야 할 것이 무엇입니까?
2. 자동차를 ______________________ 휴대전화를 사용하면 위험해요.
3. 한국 사람들은 사진을 ______________________ '김치'라고 말합니다.
4. 회사 일 때문에 스트레스가 ______________________ 어떻게 스트레스를 풀어요?
5. 저는 옷을 ______________________ 값을 먼저 물어봅니다. 그리고 나서 옷을 입어 봅니다.

| 성공의 지름길 비즈니스 한국어 |

Business Korean

시간 관리

듣고 말하기	여가 활용에 대해 제안하기
읽고 쓰기	시테크 전략
주제 관련 어휘와 표현	시간
문법과 표현	–는 동안, –기 위해서

듣고 말하기

다음 질문에 대해 이야기해 봅시다.

1. 여러분은 다음 활동을 할 때 얼마나 많은 시간을 씁니까?

2. 하루가 26시간이 된다면 2시간 동안 무엇을 하고 싶습니까?

3. 여러분은 시간 관리를 잘하고 있습니까? 아니면 잘 못하고 있습니까? 그 이유는 무엇입니까?

필립은 직장 선배 박민서와 함께 퇴근 후에 시간을 어떻게 관리하고 있는지에 대해 이야기하고 있습니다. 다음을 듣고 질문에 대해 이야기해 봅시다.

Track 3

1. 민서는 퇴근 후에 무엇을 하면서 시간을 보냅니까?

2. 필립은 퇴근 후에 무엇을 하면 좋겠습니까?

- 여러분은 퇴근 후에 시간 관리를 잘 못하고 있는 사람입니다. 어떻게 하면 시간을 잘 관리할 수 있을지 직장 동료와 이야기해 봅시다.

나

퇴근 후 무엇을 하느냐고 묻는다.

직장 동료

퇴근 후 하는 일을 이야기한다.

피곤해서 아무것도 못한다고 말한다.

회사 생활이 익숙하지 않아서라고 말해 준다.

한국에 있는 동안 하고 싶은 것을 말한다.

취미 생활을 해 보라고 말한다.

취미 생활의 장점을 말하며 조언을 받아들인다.

취미 생활에 도움이 되는 것을 알려 준다.

읽고 쓰기

- 다음 질문에 대해 이야기해 봅시다.

1. 하루 일과 중 가장 아깝다고 생각되는 시간은 언제입니까?

2. 시간을 효율적으로 관리하기 위해 무엇을 해야 한다고 생각합니까?

- 다음은 직장인의 시테크에 관한 전략입니다. 다음을 읽고 물음에 답해 봅시다.

직장인을 위한 시테크

시테크는 시간 관리 기술이다. 시테크는 단순히 24시간을 어떻게 사용할지에 대한 것이 아니다. 어떻게 하면 짧은 시간에 일을 효율적으로 하고, 여유 있게 시간을 관리할 수 있을지 그 방법을 찾는 데 목적이 있다. 또한 시테크는 여가 시간을 어떻게 활용할지도 중요하게 생각한다.

여러분은 여러분의 시간 관리를 위해서 어떻게 하고 있습니까? ✓ 해 보세요.

	○	×
(1) 해야 할 일을 미루지 않고 지금 바로 시작합니까?	□	□
(2) 출퇴근을 할 때 차 안에서 보내는 시간을 잘 활용합니까?	□	□
(3) 중요하지 않은 일들은 한꺼번에 모아서 합니까?	□	□
(4) 스스로 마감 시간을 정해 놓고 일을 합니까?	□	□
(5) 약속 시간에 일찍 도착하기 위해서 10분 일찍 출발합니까?	□	□
(6) 일의 중요한 정도를 구분하여 먼저 할 일을 결정합니까?	□	□
(7) 정말 하고 싶은 것을 하기 위하여 꾸준히 시간을 냅니까?	□	□
(8) 시간을 잘 관리하고 있는지 스스로 평가해 봅니까?	□	□

1. 시테크란 무엇입니까?

2. 여러분은 자신의 시간 관리를 위해서 어떤 것이 특별히 필요하다고 생각합니까?

- 앞의 글을 참고하여 자신의 생활에 필요한 시테크 전략 다섯 가지를 제시하고, 각각의 전략이 왜 자신에게 필요한 것인지를 구체적인 실천 방안과 함께 써 봅시다.

주제 관련 어휘와 표현

- 제시된 어휘와 표현을 사용하여 다음 문장을 완성해 봅시다.

여유	여가	시간표	시테크	시간 관리	미루다	활용하다

1. ____________________은/는 효율적으로 시간을 관리하는 기술입니다.
2. 바쁜 현대인들은 주말에는 자신만의 ____________________ 시간을 즐기고 싶어 합니다.
3. 오늘 할 일을 내일로 ____________________ 마세요. 내일 할 일이 더 많아지게 될 것입니다.
4. 오랜만에 가족들과 여행을 갔어요. 그동안 쌓였던 피로를 풀고 ____________________ 있는 시간을 보냈어요.
5. 매일 정해진 시간에 업무를 끝내야 하기 때문에 하루 일정을 알 수 있도록 항상 ____________________을/를 짭니다.

- 제시된 표현에서 시간 관리를 통해 자신이 얻고 싶은 것을 순위별로 선택하여 아래 표를 완성해 봅시다. 그리고 이 표현들을 사용해 자신과 동료가 선택한 것을 비교해 보고 공통점과 차이점에 대해 이야기해 봅시다.

여행을 가다	친구를 만나다	피로를 풀다
자격증을 따다	~~스트레스를 풀다~~	자기 계발을 하다
가족과 시간을 보내다		

시간 관리로 얻고 싶은 것	◦ *스트레스를 풀다.*

문법과 표현

–는 동안

어떤 상태가 계속되는 시간임을 나타낼 때 사용한다.

예 한국에 있는 동안 하고 싶은 것이 아주 많습니다.

○ 제시된 어휘를 사용하여 다음 문장을 완성해 봅시다.

일하다	여행하다	기다리다	전화하다	스크랩하다

1. 신문을 ________________ 서류 정리를 마무리하세요.
2. 거래처 담당자에게 ________________ 서류를 준비해 주세요.
3. 회사에서 ________________ 좋은 기술을 많이 배우고 싶어요.
4. 작년에 한국을 ________________ 한국 음식을 처음 먹어 보았어요.
5. 시간이 좀 걸릴 거예요. ________________ 이 책이라도 보시겠어요?

–기 위해서

어떤 일을 하는 목적이나 의도를 나타낼 때 사용한다.

예 그 회사에 취직하기 위해서 열심히 준비하고 있습니다.

○ 제시된 어휘와 표현을 사용하여 다음 문장을 완성해 봅시다.

되다	보다	잘하다	여행을 가다	효율적으로 쓰다

1. 중국에 ________________ 비자를 받았습니다.
2. 시간을 ________________ 계획표를 짜고 있습니다.
3. 한국어를 ________________ 퇴근 후 학원을 다닙니다.
4. 그 가수의 콘서트를 ________________ 1시간이나 기다렸어요.
5. 전문적인 사업가가 ________________ 경영 수업을 받고 있습니다.

| 성공의 지름길 비즈니스 한국어 |

B u s i n e s s
K o r e a n

04

사내 동호회

듣고 말하기	동호회 가입 제안하기
읽고 쓰기	동호회 가입 신청서
주제 관련 어휘와 표현	자기 계발
문법과 표현	–아/어서, –는데

듣고 말하기

다음 질문에 대해 이야기해 봅시다.

1. 지금 직장 내에서 가입한 동호회 혹은 가입하고 싶은 동호회는 무엇인지 말해 봅시다.

2. 직장 내에 어떤 동호회가 있는지 말해 봅시다. 혹은 어떤 동호회가 있으면 좋을지 말해 봅시다.

3. 동호회에 가입하기 위해서는 어떤 절차가 필요하다고 생각하는지 말해 봅시다.

안드레아스는 박동하와 등산 동호회에 대해 이야기하고 있습니다. 다음을 듣고 질문에 대해 이야기해 봅시다.

Track 4

1. 안드레아스가 한국 사람들 가운데 아는 사람이 많지 않은 이유는 무엇입니까?

2. 박동하가 안드레아스를 모시러 가겠다고 한 날은 언제인지 말해 봅시다.

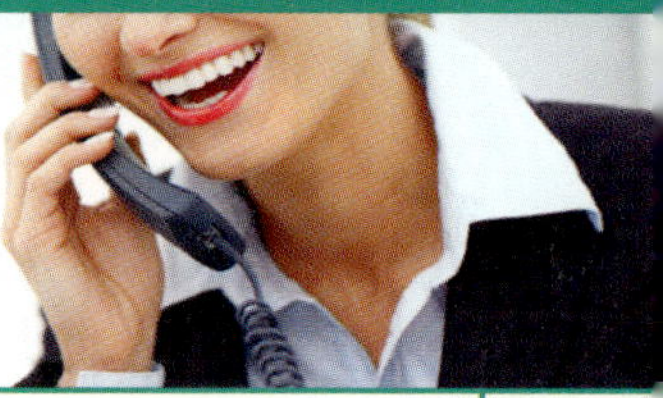

- 여러분은 직장에서 동호회 활동을 하고 싶습니다. 동호회 활동을 하고 있는 동료를 만나서 동호회 활동에 참여하고 싶다는 이야기를 하고 동호회에 대해 물어 봅시다.

나

회사에 아는 사람이 많지 않다고 말한다.

동료

좋아하는 스포츠가 있느냐고 묻는다.

자신이 했었던 동호회 활동에 대해 이야기한다.

회사에 있는 동일한 동호회 활동에 참여하겠냐고 묻는다.

기꺼이 그렇게 하겠다고 말한다.

이번 주말에 시간이 되는지 묻고 데리러 가겠다고 한다.

준비하고 기다리겠다고 말한다.

시간에 맞추어 데리러 가겠다고 말한다.

읽고 쓰기

다음 질문에 대해 이야기해 봅시다.

1. 사내 동호회에 가입한 적이 있습니까?

2. 사내 동호회 가입 신청서에는 무슨 내용이 들어가야 한다고 생각합니까?

다음은 안드레아스의 동호회 가입 신청서 중 일부입니다. 다음을 읽고 물음에 답해 봅시다.

<table>
<tr><td rowspan="6">신청인
인적사항</td><td>동호회명</td><td colspan="3"></td></tr>
<tr><td>소 속</td><td colspan="3"></td></tr>
<tr><td>직 위</td><td colspan="3"></td></tr>
<tr><td>성 명</td><td colspan="3"></td></tr>
<tr><td>전화번호</td><td></td><td>내선번호</td><td></td></tr>
<tr><td>E-MAIL</td><td colspan="3"></td></tr>
<tr><td>동호회 활동 이력</td><td colspan="4">독일에서 3년 동안 등산 동호회 활동을 하였습니다.
암벽 등반 동호회에서 6개월간 교육을 받았습니다.
스킨스쿠버 동호회에서 1년간 동호회 회장으로 활동하였습니다.</td></tr>
<tr><td>가입 신청 이유</td><td colspan="4">저는 산을 좋아해서 독일에 있을 때부터 산과 관련된 동호회 활동을 많이 하였습니다. 지난주에 한국인 동료와 함께 산에 갔는데 우리 회사에도 등산 동호회가 있다는 이야기를 듣고 가입 신청을 하게 되었습니다. 한국의 산은 매우 아름답습니다. 여기 있는 동안 동료들과 함께 한국 산들을 오르면서 친목을 도모하고 싶습니다.</td></tr>
<tr><td colspan="5">위와 같이 ________ 직원 동호회 회원으로 가입하고자 합니다.
______년 _____월 _____일
신청인 ________________(인)</td></tr>
</table>

1. 안드레아스가 동호회 활동을 통해 얻고자 하는 것은 무엇입니까?

2. 안드레아스의 동호회 활동 이력 가운데 '등산' 과 관계가 없는 것은 무엇입니까?

- 앞의 글을 참고하여 사내 동호회 가입 신청서를 작성해 봅시다.

<table>
<tr><td rowspan="6">신청인
인적사항</td><td>동호회명</td><td colspan="3"></td></tr>
<tr><td>소 속</td><td colspan="3"></td></tr>
<tr><td>직 위</td><td colspan="3"></td></tr>
<tr><td>성 명</td><td colspan="3"></td></tr>
<tr><td>전화번호</td><td></td><td>내선번호</td><td></td></tr>
<tr><td>E-MAIL</td><td colspan="3"></td></tr>
<tr><td>동호회 활동 이력</td><td colspan="4"></td></tr>
<tr><td>가입 신청 이유</td><td colspan="4"></td></tr>
<tr><td colspan="5">위와 같이 ________ 직원 동호회 회원으로 가입하고자 합니다.
______년 _____월 _____일
신청인 ________________(인)</td></tr>
</table>

주제 관련 어휘와 표현

제시된 어휘와 표현을 사용하여 다음 문장을 완성해 봅시다.

취미	활동	동아리	가입 신청서	가입하다	모집하다	결성하다

1. 김준서는 회사에 들어간 후 바로 스포츠 동호회에 ______________ 했습니다.
2. 등산 동호회에 가입하기 위해서는 비치된 ______________을/를 작성하여 제출하면 돼요.
3. 사진 동호회에서는 지난 한 달 동안 신입부원을 ______________ 바로 활동에 들어갔어요.
4. 최민서가 동호회에 가입한 이유는 다른 사람들과 함께 ______________ 생활을 즐기기 위해서입니다.
5. 김정현의 회사에서는 바둑을 좋아하는 사람들이 모여 이번에 새로 바둑 동호회를 ______________ 다음 주에 첫 모임을 가지기로 하였습니다.

제시된 표현 가운데 "자신이 직접 경험한" 동호회 활동의 긍정적인 측면은 무엇이었는지 적어 봅시다. 그리고 이 외에 긍정적인 측면에는 무엇이 더 있을 수 있는지 동료와 함께 이야기해 봅시다.

조직력을 다지다	삶의 활력소가 되다	업무 효율을 높이다
기분을 전환하다	~~새로운 사람을 사귀다~~	동료와 친목을 도모하다
시간을 효율적으로 사용하다		

동호회 활동의 긍정적인 측면	◦ *동호회 활동을 통해* ***새로운 사람을 사귈*** *수 있었다.*

문법과 표현

-아/어서

시간적 선후 관계를 나타낼 때 사용한다.

예 모두들 자리에 앉아서 순서를 기다립니다.

- 제시된 어휘를 사용하여 다음 문장을 완성해 봅시다.

만나다	기상하다	밀봉하다	제작하다	다녀오다

1. 서류를 ________________ 회사에 제출했습니다.
2. 김영희는 아침에 ________________ 곧장 세수를 합니다.
3. 지난 토요일에 직장 동료들과 ________________ 영화를 보러 갔어요.
4. 주말에 회사 동료들과 함께 워크숍을 ________________ 보고서를 작성했습니다.
5. 회사 동호회에서 나무로 장난감을 ________________ 어린이들에게 나누어 주었어요.

-는데

뒤에 오는 말에서 어떤 일을 설명하거나 묻거나 시키거나 제안하기 위하여 그 대상과 상관되는 상황을 미리 말할 때에 사용한다.

예 내가 컴퓨터를 하고 있는데 전화벨이 울렸다.

- 제시된 어휘를 사용하여 다음 문장을 완성해 봅시다.

없다	가다	쏟아지다	운반하다	정돈하다

1. 비가 많이 ________________ 그냥 걸어가려고?
2. 방을 ________________ 어머니께서 심부름을 가라고 하셨어요.
3. 지금 무거운 짐을 ________________ 좀 도와 주는 게 어떻겠니?
4. 우리 회사 바둑 동호회에는 사람이 거의 ________________ 다른 회사는 그렇지 않아요.
5. 동호회 활동에 필요한 물건을 사러 시장에 ________________ 부탁할 게 있으면 말해라.

| 성공의 지름길 비즈니스 한국어 |

Business Korean

05

회사의 조직과 업무

듣고 말하기	상사 호칭에 대해 조언하기
읽고 쓰기	조직도 및 업무 설명
주제 관련 어휘와 표현	직장 호칭
문법과 표현	–(으)ㄹ까 봐, –(으)ㄹ래요

듣고 말하기

다음 질문에 대해 이야기해 봅시다.

1. 여러분 회사는 어떻게 구성되어 있습니까? 다음을 여러분의 회사와 비교해 봅시다.

2. 회사에서 여러분의 직급은 무엇입니까? 다음 직급으로 승진하는 데 시간이 얼마나 걸립니까?

3. 회사의 특성과 종류에 따라 조직도는 다양합니다. 여러분이 취업하고 싶은 회사의 조직도는 어떻게 구성되어 있습니까? 실제 회사를 검색해 보고 소개해 봅시다.

필립은 직장 선배 박민서와 함께 직장 동료와 상사를 부르는 말에 대해 이야기하고 있습니다. 다음을 듣고 질문에 대해 이야기해 봅시다.

Track 5

1. 필립은 입사 후 뭐가 제일 힘들다고 했습니까?

2. 회사의 조직을 순서대로 말해 봅시다.

○ 여러분은 신입사원입니다. 직장 선배에게 직장 선배와 동료를 어떻게 부르면 좋은지, 직급에 따른 호칭에 대해 물어 봅시다.

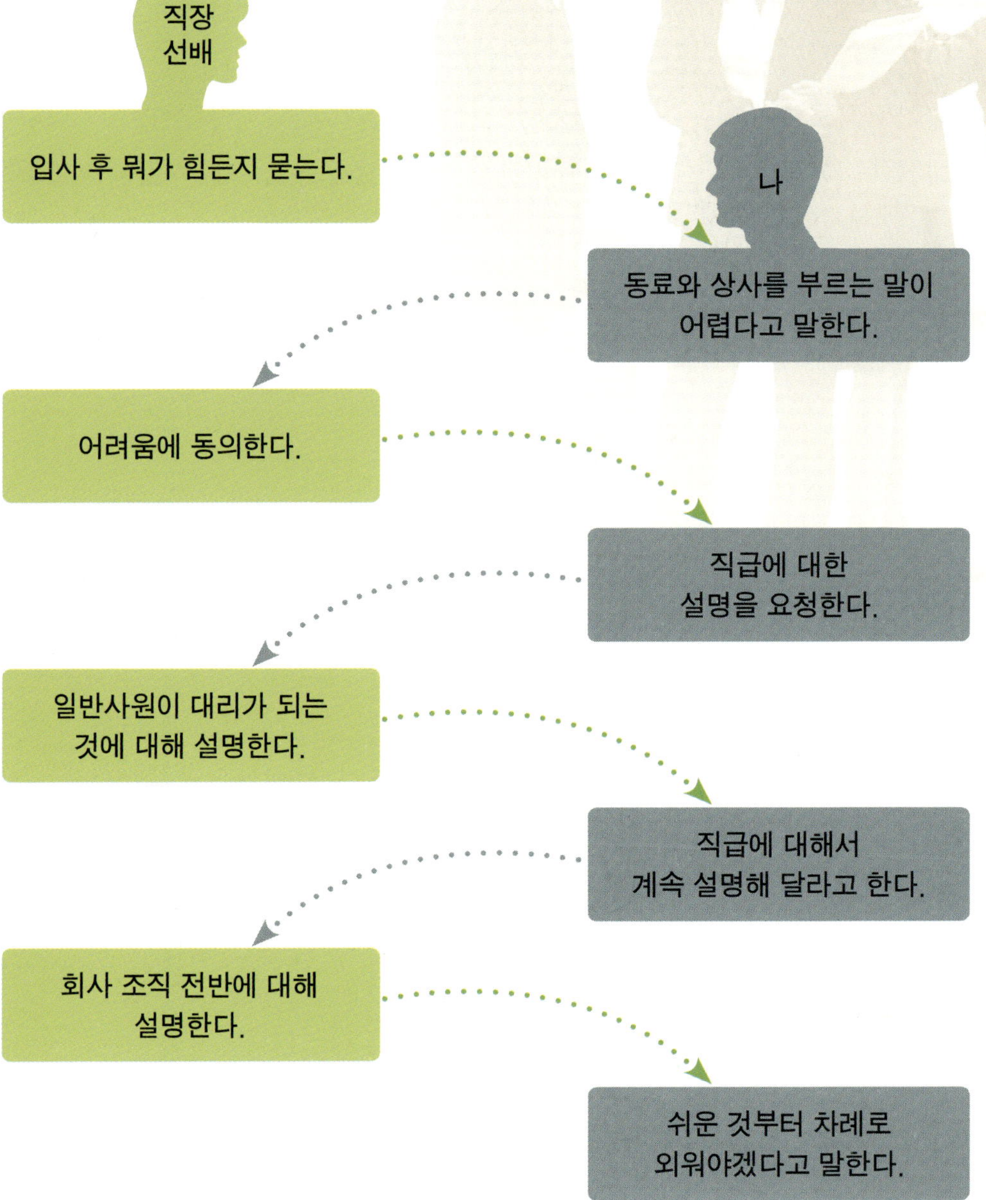

읽고 쓰기

○ 다음 질문에 대해 이야기해 봅시다.

1. 여러분 회사는 조직이 어떻게 구성되어 있습니까?

2. 여러분이 근무하는 부서는 어느 부서입니까? 그 부서는 어떤 일을 합니까?

○ 다음은 필립이 다니는 회사의 조직 및 업무에 대한 설명입니다. 다음을 읽고 물음에 답해 봅시다.

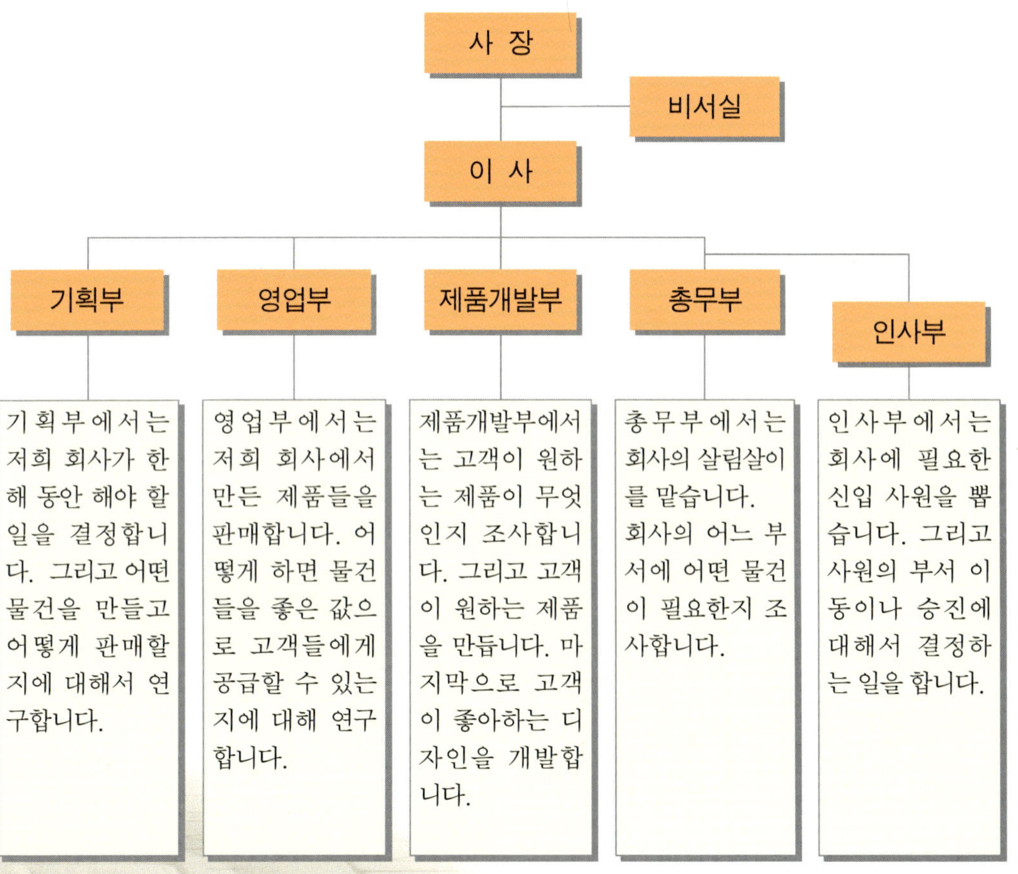

1. 제품개발부와 영업부는 어떤 관련이 있습니까?

2. 여러분은 어떤 부서에서 일하고 싶습니까? 어떤 부서가 여러분의 적성에 맞습니까?

- 여러분 회사의 각 부서에서 하는 일은 무엇입니까? 앞에 있는 필립의 회사 조직과 업무 설명처럼 여러분 회사의 각 부서의 업무에 대해 설명하는 글을 써 봅시다.

주제 관련 어휘와 표현

제시된 어휘를 사용하여 다음 문장을 완성해 봅시다.

부서	과장	부장	회장	임직원	공장장	대표이사

1. 공장의 책임자는 ______________입니다.
2. 최 대리님은 내년에 드디어 ______________(으)로 승진합니다.
3. 우리 회사에는 디자인을 연구하는 ______________이/가 있습니다.
4. 우리 회사는 새해가 되면 회사의 모든 ______________이/가 단합대회를 가집니다.
5. 요즘에는 사장이라는 명칭보다는 ______________(이)라는 명칭을 사용하는 회사가 많습니다.

회사 업무를 하는 데 있어서 어려웠던 일이 있습니까? 아래에 제시된 표현을 참고하여 표를 완성해 봅시다. 그리고 이 표현들을 사용해 각자 어려웠던 일과 그 일을 해결하는 방법을 동료와 이야기해 봅시다.

~~서류 작성하기~~	메일 보내기	팩스 보내기
시장 조사하기	거래처에 전화하기	프레젠테이션하기
상사에게 보고하기	고객의 불만 처리하기	

어려웠던 일	◦ 서류 작성하기
해결 방법	◦ 직장 동료에게 도움을 요청한다.

문법과 표현

-(으)ㄹ까 봐

어떤 사실이나 상황으로 미루어 그럴 것 같다고 추측할 때 사용한다.
예 회사에서 실수할까 봐 말도 못하겠어요.

○ 제시된 어휘와 표현을 사용하여 다음 문장을 완성해 봅시다.

오다	늦다	맞추지 못하다	승진하지 못하다	완성하지 못하다

1. 이번에도 ________________ 아주 열심히 일했어요.
2. 오늘 아침에 회사에 ________________ 택시를 탔어요.
3. 주문받은 물량을 ________________ 밤샘 작업을 했습니다.
4. 오후에 비가 ________________ 우산을 가지고 회사에 갔어요.
5. 과장님이 말씀하신 서류를 ________________ 선배의 도움을 받았습니다.

-(으)ㄹ래요

자신의 의사를 나타내거나 상대편의 의사를 물을 때 사용한다.
예 주말에는 집에서 쉴래요.
간단하게 설명해 줄래요?

○ 제시된 어휘와 표현을 사용하여 다음 문장을 완성해 봅시다.

먹다	다니다	취직하다	알려 주다	해 주다

1. 점심에 뭐 ________________?
2. 아까 일기예보 들었죠? 내일 날씨 좀 ________________?
3. 박 대리님, 신입 사원들에게 업무 설명 좀 ________________?
4. 열심히 취직 준비를 하고 있어요. 꼭 한국 회사에 ________________.
5. 회사 일이 많아서 계속 운동을 못했어요. 다음 달부터는 헬스클럽에 꼭 ________________.

| 성공의 지름길 비즈니스 한국어 |

Business Korean

06 일의 순서

듣고 말하기	일의 순서 조언하기
읽고 쓰기	해야 할 일 분류
주제 관련 어휘와 표현	일 처리
문법과 표현	-기(가) 쉽다/어렵다, -(으)니까

듣고 말하기

○ 다음 질문에 대해 이야기해 봅시다.

1. 여러분은 오전 중에 다음 일들을 모두 처리해야 합니다. 어떤 순서로 처리하겠습니까?

서류 작성하기

거래처 전화하기

메일 확인하기

상사에게 보고하기

2. 여러분이 일의 순서를 정할 때 가장 중요하게 생각하는 것은 무엇입니까?

3. 해야 할 일이 많을 때 일의 순서를 정해 놓고 일해 본 적이 있습니까?

○ 토모코는 직장 선배 강미정과 함께 일을 처리하는 순서에 대해 이야기하고 있습니다. 다음을 듣고 질문에 대해 이야기해 봅시다.

Track 6

1. 토모코가 일을 하면서 어려워하는 것은 무엇입니까?

2. 대화 후 토모코는 무슨 일을 먼저 할까요?

여러분은 신입 사원이라서 어떤 일을 먼저 처리해야 할지 모릅니다. 직장 선배와 일의 순서를 정하는 것에 대해 이야기해 봅시다.

나: 일의 순서에 대한 어려움을 호소한다.

직장 선배: 급한 일, 중요한 일이 우선이라고 말한다.

나: 결정이 어렵다고 말한다.

직장 선배: 지금 해야 할 일을 묻는다.

나: 해야 할 일 세 가지를 설명한다.

직장 선배: 해야 할 일들의 순서에 대하여 조언한다.

나: 조언에 감사를 표한다.

직장 선배: 회사 생활을 오래 하면 쉬워질 거라고 말한다.

읽고 쓰기

○ 다음 질문에 대해 이야기해 봅시다.

1. 여러분의 하루 계획은 어떻습니까?

2. 여러분은 어떤 일을 가장 먼저 합니까? 왜 그렇습니까?

○ 다음은 해야 할 일의 순서를 정하는 방법에 대한 글입니다. 다음을 읽고 물음에 답해 봅시다.

해야 할 일의 순서 정하기

1단계. 전날 저녁 또는 매일 아침 그날 해야 할 일을 모두 적어 본다.

2단계. 적어 놓은 업무와 일들을 다음 4가지로 분류한다.

A. 급하고 중요한 일
B. 급하지만 중요하지 않은 일
C. 급하지는 않지만 중요한 일
D. 급하지도 않고 중요하지도 않은 일

'급하고 중요한 일'은 그날 꼭 처리해야 하는 일이거나 마감 시간이 정해져 있는 일이다. '급하지만 중요하지 않은 일'은 가령, 독서 감상문 쓰기와 같이 중요하지는 않지만 지금 하지 않으면 느낌 등이 없어지는 일이다. 이런 일은 나중으로 미루기 어려운 일이다. '급하지는 않지만 중요한 일'은 잊지 말아야 하는 일이지만 마감 시간이 가깝지 않은 일이다. '급하지도 않고 중요하지도 않은 일'은 서재를 정리하는 일처럼 안 해도 업무나 생활에 크게 문제가 되지는 않는 일이다.

3단계. 2단계에서 분류한 일들을 급하고 중요한 순서대로 순위를 정한다.

4단계. 순서대로 일을 진행한다.

1. 위 글에 의하면 일을 어떤 순서대로 하면 효율적입니까?

2. 2단계와 같이 일을 분류하는 이유는 무엇이라고 생각합니까?

- 앞의 글의 2단계와 같이 여러분이 내일 해야 하는 일들을 네 가지로 분류하여 적어 봅시다. 왜 그렇게 분류했는지도 써 봅시다.

A. 급하고 중요한 일: ______________________

이유: ______________________

B. 급하지만 중요하지 않은 일: ______________________

이유: ______________________

C. 급하지는 않지만 중요한 일: ______________________

이유: ______________________

D. 급하지도 않고 중요하지도 않은 일: ______________________

이유: ______________________

주제 관련 어휘와 표현

○ 제시된 어휘와 표현을 사용하여 다음 문장을 완성해 봅시다.

기한	순서	중요도	우선적으로	능률적으로	제시간	자투리 시간

1. 점심 식사 후 ______________을/를 이용해서 한국어 공부를 합니다.
2. 회의에 쓸 보고서를 ______________에 완성하지 못하면 회의를 할 수 없습니다.
3. 일을 효율적으로 처리하기 위해서는 ______________에 따라 구분하는 것이 좋습니다.
4. 마감 ______________이/가 내일까지니까, 내일은 반드시 원서를 접수하러 가야 해요.
5. 일이 많을 때는 먼저 해야 할 일과 나중에 해야 할 일을 나누는 것이 중요해요. 그 다음 결정된 ______________에 따라 일을 처리해야 해요.

○ 제시된 표현을 참고하여 일의 순서를 정하는 데 중요하게 생각되는 것들을 선택하여 표를 완성해 봅시다. 그리고 그 이유를 쓰고, 동료와 공통점 및 차이점에 대해 이야기해 봅시다.

업무가 간단하다	~~마감 시간을 지키다~~	시간이 걸리다
기한이 있다/없다	중요도가 높다/낮다	결정권이 있다/없다
직속 상사가 시키다		

일의 순서를 정하는 데 중요한 것들	◦ 마감시간을 지키다.
그 이유	

문법과 표현

–기(가) 쉽다/어렵다

어떤 일을 하는 것이 쉽거나 어려운 상황이라는 뜻으로 사용한다.

예 어떤 것부터 해야 할지 결정하기가 어려워요.

○ 제시된 어휘를 사용하여 다음 문장을 완성해 봅시다.

외우다	망치다	관리하다	판단하다	처리하다

1. 이 집은 너무 커서 ______________.
2. 이 노래는 가사가 간단해서 ______________.
3. 일이 밀리면 마음이 급해져서 일을 ______________.
4. 계획을 잘 세우면 여러 가지 일을 효율적으로 ______________.
5. 일이 많을 때는 정신이 없어서 어떤 순서로 일을 해야 하는지 ______________.

–(으)니까

어떤 일의 이유나 근거를 나타낼 때 사용한다.

예 비자 발급에는 시간이 걸리니까 우선 비자 신청부터 하세요.

○ 제시된 어휘와 표현을 사용하여 다음 문장을 완성해 봅시다.

오다	시키다	급하다	피곤하다	고장이 났다

1. 이 컴퓨터는 ______________ 저쪽에 있는 컴퓨터를 쓰세요.
2. 우리 부서에 신입 사원이 ______________ 환영회를 해 줍시다.
3. 어제 야근을 해서 모두 ______________ 회식은 내일 하면 어떨까요?
4. 마감 시간이 다 되었는데 아직도 못했어요? ______________ 서두르세요.
5. 회사 연말 모임에서는 보통 노래도 ______________ 노래 연습도 해 가세요.

| 성공의 지름길 비즈니스 한국어 |

Business Korean

07

온라인 업무

듣고 말하기	전자 결재 방식의 장단점 말하기
읽고 쓰기	공식적인 팩스
주제 관련 어휘와 표현	온라인 업무
문법과 표현	-(으)ㄹ 수도 있다, -아/어도

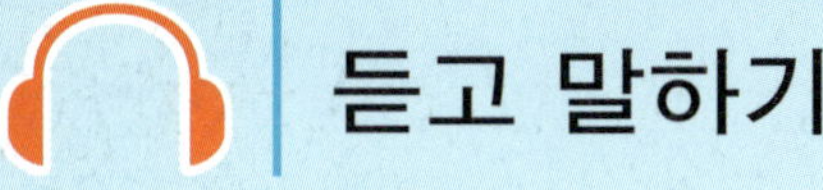

듣고 말하기

- 다음 질문에 대해 이야기해 봅시다.

1. 다음 화면을 본 적이 있습니까? 무엇을 하는 화면입니까?

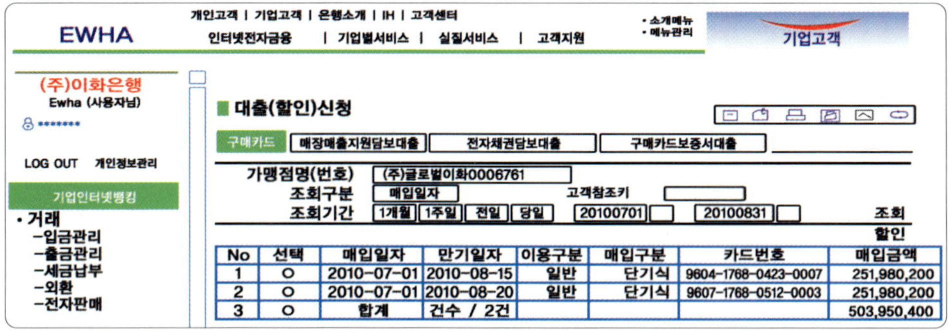

EWHA

개인고객 | 기업고객 | 은행소개 | IH | 고객센터

인터넷전자금융 | 기업별서비스 | 실질서비스 | 고객지원

• 소개메뉴
• 메뉴관리

기업고객

(주)이화은행
Ewha (사용자님)

LOG OUT 개인정보관리

기업인터넷뱅킹

• 거래
-입금관리
-출금관리
-세금납부
-외환
-전자판매

■ 대출(할인)신청

구매카드 | 매장매출지원담보대출 | 전자채권담보대출 | 구매카드보증서대출

가맹점명(번호) (주)글로벌이화0006761
조회구분 매입일자 고객참조키
조회기간 1개월 1주일 전일 당일 20100701 20100831 조회
할인

No	선택	매입일자	만기일자	이용구분	매입구분	카드번호	매입금액
1	O	2010-07-01	2010-08-15	일반	단기식	9604-1768-0423-0007	251,980,200
2	O	2010-07-01	2010-08-20	일반	단기식	9607-1768-0512-0003	251,980,200
3	O	합계	건수 / 2건				503,950,400

2. 온라인 업무로 할 수 있는 것에는 무엇이 있을까요? 우리 생활 주변에서 온라인으로 하는 일을 써 봅시다.

3. 어떤 일을 온라인으로 처리하면 좋을 것 같습니까? 온라인으로 처리하면 좋은 일을 써 봅시다.

- 토모코는 직장 선배 이정현과 이야기하고 있습니다. 다음을 듣고 질문에 대해 이야기해 봅시다.

Track 7

1. 전자 결재 방식으로 업무를 처리했을 때 장점은 무엇이 있습니까?

2. 전자 결재 방식은 어떤 경우에 업무 처리가 느려질 수 있습니까?

- 여러분은 여행사 직원입니다. 상사에게 회사 업무의 효율성을 높이기 위해 온라인으로 예약할 수 있는 시스템을 만들자고 이야기해 봅시다.

과장

전자 결재 방식으로 변경을 제안한다.

나

찬성하고 그 이유를 말한다.

다른 기능에 대해서도 묻는다.

가능한 기능(화상 전화, 화상 회의 등)에 대해 추가로 설명한다.

전자 결재를 할 때 불편한 점이 무엇인지 묻는다.

전자 결재의 단점에 대해 이야기한다.

장단점을 더 알아봐야 하겠다고 말한다.

동의한다.

읽고 쓰기

다음 질문에 대해 이야기해 봅시다.

1. 여러분은 팩스로 공식적인 서한을 보낸 적이 있습니까?

2. 공식적인 서한을 팩스로 보낼 때 어떤 내용이 들어가야 할까요?

다음은 팩스로 받은 공식적인 서한입니다. 다음을 읽고 물음에 답해 봅시다.

외국인 법률 상담소

수신자　주한일본문화원
제목　외국인 법률 상담 서비스 관련 협조 요청

---

1. 귀원의 무궁한 발전을 빕니다.
2. 외국인 서비스센터에서 신설한 외국인 법률 상담 서비스 관련입니다.
3. 각 부서에서는 국내 체류 중인 외국인 직원 및 가족들이 해당 서비스를 이용할 수 있도록 안내해 주십시오.
4. 법률 상담 서비스는 월요일부터 금요일까지이며, 상담 시간은 오전 10시부터 오후 5시까지입니다.
5. 법률 상담 서비스는 무료입니다.

붙임: 1. 국문 홈페이지 내용 1부.
2. 일문 홈페이지 내용 1부.
3. 외국인 법률 상담 신청서 1부.　　끝.

외국인 법률 상담소장

협조자
시행 외국인 법률 상담소-22 2010. 12. 11.　　접수 주한일본문화원-20 2010. 12. 11.

1. 누가 누구에게 보낸 팩스입니까?

2. 팩스는 무엇에 대한 내용입니까? 어떤 방식으로 내용이 기술되어 있습니까?

- 앞의 글을 참고하여 공식적인 서한을 보내는 팩스를 써 봅시다.

수신자 ______________________

제목 ______________________

1.

2.

3.

4.

5.

붙임: 1.

2.

3.

협조자

시행 ______________________ 접수 ______________________

주제 관련 어휘와 표현

○ 제시된 어휘와 표현을 사용하여 다음 문장을 완성해 봅시다.

전자 결재	비밀번호	용량 초과	수신 확인
팩스 전송	이메일 신청	인터넷 뱅킹	

1. 요즘 공문을 보낼 때는 우편보다 ______________을/를 많이 합니다.
2. 인터넷으로 은행 거래를 하려면 자신의 아이디와 ______________을/를 입력해야 합니다.
3. 중요한 이메일을 보낸 후에는 상대방이 이메일을 읽었는지 ______________하는 게 좋습니다.
4. 전에는 은행에 직접 가서 전기요금을 냈었지만 이제는 ______________을/를 이용해 온라인으로 납부합니다.
5. 우리 회사는 결재 받을 때 직접 상사를 찾아가지 않고 회사 내 컴퓨터 망을 이용해 ______________을/를 받습니다.

○ 제시된 표현을 참고하여 온라인으로 한 적이 있는 일을 문장으로 만들어 표에 써 봅시다. 그리고 이 활동에 대해 친구들과 이야기해 봅시다.

서류를 접수시키다	환율을 알아보다	보고서를 전송하다
인터넷으로 쇼핑하다	~~다른 사람에게 송금하다~~	온라인으로 돈을 내다
소포 배달 여부를 확인하다		

온라인으로 한 일	◦ 인터넷 뱅킹으로 ***다른 사람에게 송금한*** 적이 있다.

문법과 표현

-(으)ㄹ 수도 있다

여러 상황 중에서 그렇게 일이 될 가능성을 나타낼 때 쓴다.

예 일이 너무 밀려서 오늘은 일찍 퇴근 못하고 야근할 수도 있습니다.

○ 제시된 어휘를 사용하여 다음 문장을 완성해 봅시다.

늦다	나다	싸우다	멈추다	연기되다

1. 아이들이 클 때는 친구들과 ____________.
2. 비가 오면 등산 대회 날짜는 다음 주로 ____________.
3. 무더운 날에 찬 음식을 계속 먹으면 배탈이 ____________.
4. 늘 일찍 오는 사람이지만 ____________ 조금 더 기다려 봅시다.
5. 홈페이지에 접속하는 사람이 갑자기 많아지면 컴퓨터가 작동하지 않고 ____________.

-아/어도

어떤 사실에 대한 가정이나 양보의 뜻을 나타낼 때 쓴다.

예 아무리 바빠도 아침밥은 꼭 먹는 것이 좋다.

○ 제시된 어휘를 사용하여 다음 문장을 완성해 봅시다.

싫다	많다	불다	입력하다	깨끗하다

1. 내일 바람이 ____________ 춥지는 않을 겁니다.
2. 아무리 먹기 ____________ 음식을 버리면 안 됩니다.
3. 집안이 ____________어머니는 매일 아침 청소를 하십니다.
4. 다른 일이 아무리 ____________ 이 일은 오늘 오후까지 끝내야 합니다.
5. 이 홈페이지는 비밀번호를 정확히 ____________ 로그인이 되지 않습니다.

Business Korean

08

대인 관계

듣고 말하기	대인 관계 개선에 대해 조언하기
읽고 쓰기	감사의 이메일
주제 관련 어휘와 표현	대인 관계
문법과 표현	-(으)ㄴ 게 아니라, -(으)ㄹ 테니까

듣고 말하기

○ **다음 질문에 대해 이야기해 봅시다.**

1. 여러분 주변에 친구가 많은 사람이 있습니까? 그 사람 주변에는 왜 사람들이 항상 많을까요? 다음에서 이유를 찾아 말해 봅시다.

유머 감각이 있다

업무 능력이 뛰어나다

돈이 많다

술을 좋아한다

2. 여러분은 다른 사람과의 대인 관계 때문에 걱정했던 적이 있습니까? 어떤 경우에 걱정이 되었습니까?

3. 대인 관계에 가장 큰 영향을 주는 것은 무엇이라고 생각합니까?

○ **토모코는 직장 선배 강미정과 이야기하고 있습니다. 다음을 듣고 질문에 대해 이야기해 봅시다.**

Track 8

1. 토모코의 걱정은 무엇입니까?

2. 강미정은 토모코에게 어떤 조언을 했습니까?

- 여러분은 회사 상사와 관계가 불편합니다. 동료에게 이를 이야기하고 조언을 받는 대화를 만들어 이야기해 봅시다.

나: 새로 온 상사가 자신을 좋지 않게 본다고 말한다.

동료: 무슨 일이 있었는지 묻는다.

나: 회의 때 상사가 핀잔을 준 일을 말한다.

동료: 그 상사의 업무 방식 때문에 생긴 오해임을 말한다.

나: 오해라는 동료의 위로에 다행임을 말한다.

동료: 일을 철저히 챙기라고 조언한다.

나: 동료의 조언을 듣고 다시 잘해 보겠다고 다짐한다.

동료: 동료에게 용기를 준다.

읽고 쓰기

- 다음 질문에 대해 이야기해 봅시다.

1. 여러분은 동료들에게 감사의 이메일을 쓴 적이 있습니까? 썼다면 언제 썼습니까?

2. 자신의 결혼식에 와 준 동료들에게 감사의 이메일을 쓰려고 합니다. 어떻게 쓰면 좋을까요?

- 다음은 감사의 이메일입니다. 다음을 읽고 물음에 답해 봅시다.

파일(F) 편집(E) 보기(V) 도구(T) 메시지(M) 도움말(H)

받는 사람 : 최 과장님, 김영수, 최철수

제목 : 결혼식에 참석해 주셔서 감사합니다.

안녕하세요. 저는 총무처의 박민서입니다.
지난 4월 20일, 바쁜 주말에 제 결혼식에 와 주셔서 감사합니다. 이에 직접 찾아뵙고 감사 인사를 드려야 하지만 먼저 서면으로 인사를 드립니다.

그날 보내 주신 축하와 관심이 저희 부부에게 큰 힘이 되었습니다.
앞으로 행복하게 잘 사는 모습으로 보답하겠습니다. 아울러 항상 건강하시고 댁내에도 항상 행복이 함께 하시기를 기원합니다.

5월 1일

박민서 드림

1. 이 편지는 누가 누구에게 보낸 것입니까?

2. 이 사람은 구체적으로 무엇에 대해 감사하고 있습니까?

- 앞의 글을 참고하여 감사의 이메일을 써 봅시다.

파일(F) 편집(E) 보기(V) 도구(T) 메시지(M) 도움말(H)

받는 사람 :

제목 :

주제 관련 어휘와 표현

제시된 어휘를 사용하여 문장을 완성해 봅시다.

인맥	아부	신망	사교성	수줍음	처세술	청렴결백

1. 박창민은 ________________이/가 좋아서 모르는 사람과도 금세 친해져요.
2. 김민호는 높은 분에게 ____________________을/를 잘하는 것으로 유명해요.
3. 최 부장이 이번 승진에 학교 선후배의 __________________을/를 총동원했다는 소문이 있어요.
4. 직장 생활을 시작했을 때는 __________________을/를 많이 타서 사람들 앞에서 말도 잘 못했어요.
5. 최근 성공하기 위해 사람들과 어떻게 지내야 하는지 그 방법을 알려 주는 ________ __________________에 대한 책이 인기를 끌고 있어요.

제시된 표현을 참고하여 직장 생활을 하는 데 중요하다고 생각되는 것과 그 이유를 순서대로 적어 봅시다. 그리고 같이 이야기해 봅시다.

책임감이 있다	처세술에 능하다	~~대인 관계가 원만하다~~
일을 능동적으로 하다	상사를 잘 보필하다	아랫사람을 잘 챙기다
업무 능력이 뛰어나다	다른 사람 의견을 존중하다	

1. 직장생활을 하는 데 **대인 관계가 원만한** 것이 가장 중요하다고 생각합니다. 언제나 동료들과 같이 일을 해야 하니까요.
2. ____________________
3. ____________________
4. ____________________
5. ____________________
6. ____________________

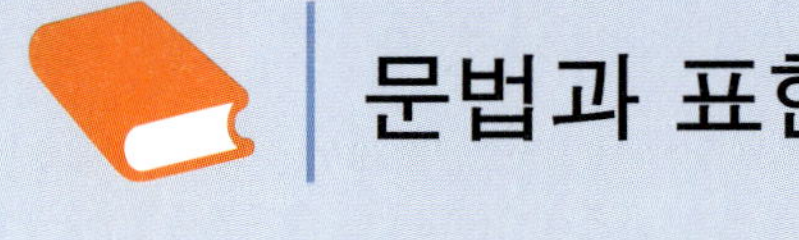

문법과 표현

-(으)ㄴ 게 아니라

어떤 동작이나 상태를 부정하고 다른 것임을 표현할 때 사용한다.
예 이 일은 김민호 씨가 처리한 게 아니라 최철수 씨가 한 것입니다.

○ 제시된 어휘를 사용하여 다음 문장을 완성해 봅시다.

팔다	싫다	야근하다	승진하다	실수하다

1. 김 대리와 일하는 것이 __________ 휴일에 일하는 것이 싫은 것입니다.
2. 덤벙대는 성격이라서 __________ 아직 업무에 서툴러서 틀리는 것입니다.
3. 그 사람은 회사 일이 많아서 __________ 집에 가기 싫어서 안 가는 것입니다.
4. 이 약은 약국에서 처방전 없이 그냥 __________ 처방전이 있어야 살 수 있는 것입니다.
5. 김 과장이 이번에 승진한 것은 일을 잘해서 __________ 윗사람에게 아부를 잘해서 된 것입니다.

-(으)ㄹ 테니까

뒤의 내용에 대한 조건으로 말하는 사람의 의지나 강한 추측을 나타낼 때 사용한다.
예 고객이 기다리고 있을 테니까 먼저 비행기 표 가격을 알려 드리세요.

○ 제시된 어휘를 사용하여 다음 문장을 완성해 봅시다.

춥다	주다	방문하다	바쁘시다	마무리하다

1. 내일까지 시간을 __________ 꼭 이 일을 끝내세요.
2. 그곳 날씨는 여기보다 __________ 두꺼운 옷을 꼭 챙겨 가세요.
3. 월말이라서 지금 __________ 용건만 간단하게 말씀드리겠습니다.
4. 2시간 후에 손님이 __________ 필요한 자료들을 준비해 놓았습니다.
5. 이 일은 제가 잘 __________ 김 대리님은 거래처에 이메일을 보내 주세요.

| 성공의 지름길 비즈니스 한국어 |

Business Korean

09

전화 업무

듣고 말하기	메모 남기기
읽고 쓰기	휴대 전화 이용 계약 신청서
주제 관련 어휘와 표현	전화
문법과 표현	–ㄴ/는다고 하다, –다가

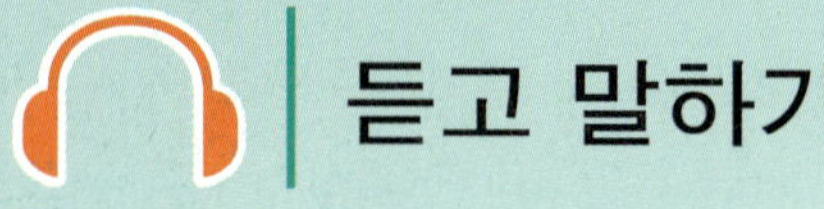

듣고 말하기

다음 질문에 대해 이야기해 봅시다.

1. 우리는 무슨 용도로 전화를 많이 이용할까요? 다음 그림을 보고 전화를 많이 이용하는 경우를 이야기해 봅시다.

문의하기

업무 처리하기

쇼핑하기

음식 주문하기

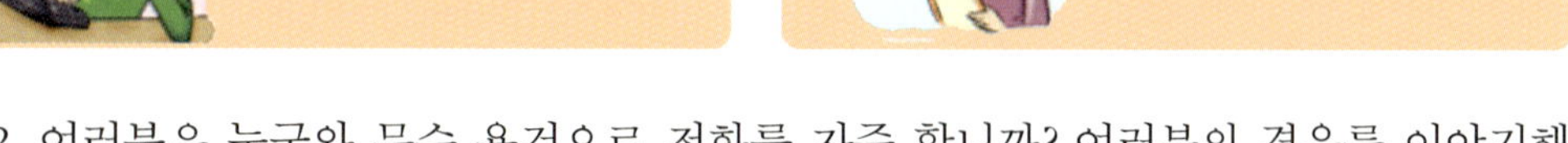

2. 여러분은 누구와 무슨 용건으로 전화를 자주 합니까? 여러분의 경우를 이야기해 봅시다.
3. 여러분이 전화를 했는데 그 사람이 자리에 없습니다. 이때 메모를 남깁니까? 아니면 나중에 다시 전화를 합니까? 어떤 경우에 메모를 남기고, 어떤 경우에 다시 전화를 겁니까?

캐런은 다른 회사의 마이크 김과 전화하고 있습니다. 다음을 듣고 질문에 대해 이야기해 봅시다.

Track 9

1. 마이크 김은 왜 전화를 했습니까?

2. 캐런이 강미영 팀장에게 줄 메모에 쓸 내용은 무엇입니까?

- 여러분은 사무실의 다른 동료를 찾는 전화를 받았습니다. 그 동료가 자리에 없습니다. 용건을 묻고 메모 내용을 물어 봅시다.

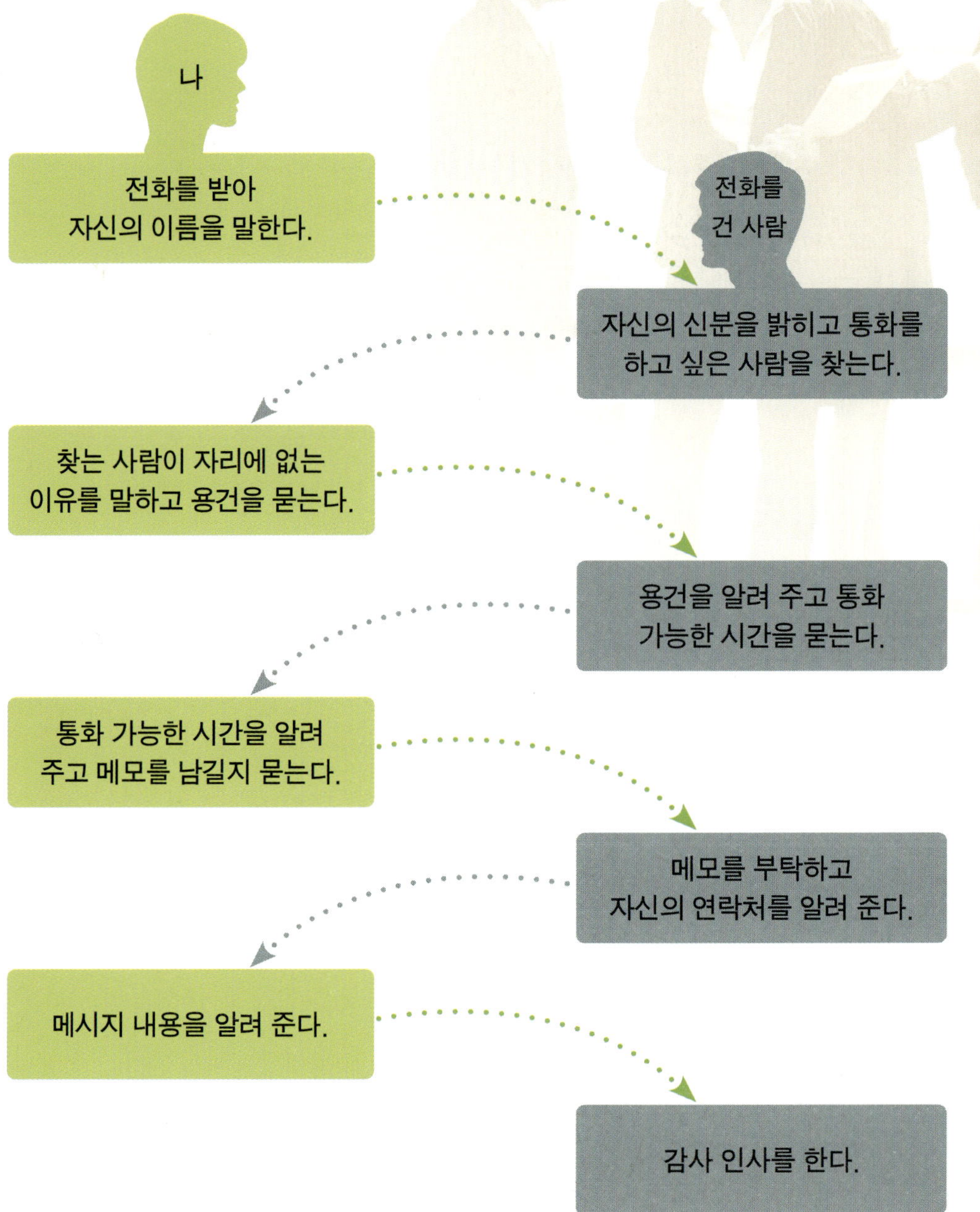

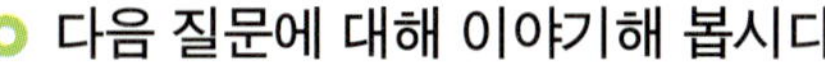

읽고 쓰기

다음 질문에 대해 이야기해 봅시다.

1. 여러분은 휴대 전화를 구입할 때나 새로운 번호로 바꿀 때 이용 계약 신청서를 쓴 적이 있습니까?

2. 이용 계약 신청서에 무엇을 써야 할까요? 필요한 내용이 무엇일지 생각해 봅시다.

다음은 휴대 전화 이용 계약 신청서입니다. 다음을 읽고 물음에 답해 봅시다.

휴대폰 이용계약신청서 KTF MVNO

1. 가입자 정보

가입자명	홍길동	주민등록번호	20080401 - 1234567		
연락처	(02) 529 5615	E-mail	hong@egmobile.com		
긴급연락처	(010) 1111- 1234				
청구지주소	서울시 강남구 역삼동 565-19 GNS 빌딩 6층				
물품수령주소	서울시 강남구 역삼동 565-19 GNS 빌딩 6층				
통화요금 □ 신용카드 □ 자동이체	예금주명 (회원명)	홍길동	주민번호 (사업자번호)	20080401 - 1234567	관계 본인
	은행명 (카드사명)	우리은행	계좌번호 (카드번호)	111-222222-333	유효기간 년 월

2. 단말기 선택

단말기선택	모델명: LG KH2100	일련번호:

3. 요금제 선택

요금제선택	음성(2G)폰	□ EG Base(16,000원) - 음성 18원, SMS(기본제공문자) 160건 + 매월 무료 문자 300건
	영상(3G)폰	✓ EG SHOW 문자사랑 600(18,000원) - 음성 18/영상 30원/문자 600건 + 매월 무료 문자 300건
		□ EG SHOW 문자사랑 1,200(26,000원) - 음성 18/영상 30원/문자 1,200건 + 매월 무료 문자 300건

부가서비스	□ 발신번호 + 컬러링 + 캐치콜(2,200원)	✓ 컬러링 + 캐치콜(1,200원)	□ 컬러링(900원)
	□ 발신번호표시(1,000원)	□ 캐치콜 (500원)	□ ( )

1. 이 신청서를 쓴 사람은 어디에 사는 누구입니까?

2. 이 사람은 전화 요금을 어떤 방법으로 내고 싶어 합니까? 어디에 이에 대한 정보가 적혀 있습니까?

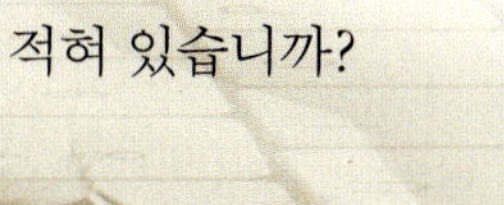

- 앞의 글을 참고하여 휴대 전화 이용 계약 신청서를 써 봅시다.

휴대 전화 이용 계약 신청서

가입자명			주민등록번호	
연락처			이메일	
청구지 주소				
물품 수령 주소				
통화 요금 □ 신용 카드 □ 자동 이체	예금주명		주민등록번호 (여권 번호)	
	은행명		계좌 번호	
단말기 선택	모델명:			
기존 번호			희망 번호	

주제 관련 어휘와 표현

○ 제시된 표현을 사용하여 다음 문장을 완성해 봅시다.

전화 폭주	화상 회의	전화 상담	예약 통화
배송 확인	이동 전화 가입	자동 응답 시스템(ARS)	

1. 물건이 제대로 배달되었는지 확인하기 위해 전화로 ________________을/를 했습니다.
2. 이처럼 간단한 문제는 변호사 사무실에 가지 않고 ________________만으로도 충분합니다.
3. 요즘에는 먼 곳에 있는 사람과 컴퓨터로 얼굴을 보면서 하는 ______________ 을/를 많이 합니다.
4. 사원 모집 광고가 나간 후에 회사에 문의 전화가 갑자기 몰리는 ______________ 상태가 되었습니다.
5. 요즘 서비스 중에는 통화량이 많을 경우, 이전 통화가 끝나면 바로 통화가 연결되는 ________________ 서비스가 있습니다.

○ 제시된 표현을 사용하여 여러분이 주로 사용하는 휴대 전화의 기능을 표에 써 봅시다. 그리고 이에 대해 이야기해 봅시다.

동영상을 찍다	~~문자를 보내다~~	사진을 전송하다	일정을 메모하다
알람을 설정하다	텔레비전을 보다	전화번호를 저장하다	이메일을 확인하다

내가 주로 사용하는 휴대 전화 기능	◦ *휴대 전화로 가족이나 친구들에게 주로* ***문자를 보냅니다.***

문법과 표현

-ㄴ/는다고 하다

동사에 붙어 다른 사람에게서 들은 내용을 옮겨 말하거나 문장 주어의 생각, 의견 등을 나타낼 때 쓴다.

예 일기예보에서 오늘 비가 온다고 했습니다.

○ 제시된 어휘를 사용하여 다음 문장을 완성해 봅시다.

열다	걷다	도착하다	참석했다	돌아오시다

1. 동생은 전화로 내일 아침 인천공항에 ______________________.
2. 비서는 사장님이 오늘 오후에 출장에서 ______________________.
3. 어제 환경 세미나에는 20명의 저명한 학자들이 ______________________.
4. 그 가게는 공사가 끝나는 다음 달에 새로 문을 ______________________.
5. 그 친구는 요즘 운동 삼아 집 근처 공원을 1시간씩 ______________________.

-다가

어떤 동작이나 상태가 도중에 중단되고 다른 동작이나 상태로 바뀜을 나타낼 때 쓴다.

예 어젯밤에 텔레비전을 보다가 잠이 들었다.

○ 제시된 어휘를 사용하여 다음 문장을 완성해 봅시다.

쓰다	입다	듣다	일하다	뛰어가다

1. 급히 사무실로 _______________ 넘어져서 다리를 다쳤어요.
2. 회사에서 늦게까지 _______________ 배가 고파서 피자를 시켜 먹었어요.
3. 동료의 이야기를 _______________ 문득 회의 준비를 안 한 것이 생각났어요.
4. 얇은 옷을 _______________ 날씨가 추운 것 같아 두꺼운 옷을 꺼내 입었어요.
5. 친구에게 화해의 이메일을 _______________ 만나서 이야기하는 게 좋을 것 같아서 지웠어요.

| 성공의 지름길 비즈니스 한국어 |

Business Korean

출장

- 듣고 말하기 — 출장 일정 변경하기
- 읽고 쓰기 — 출장 보고서
- 주제 관련 어휘와 표현 — 출장
- 문법과 표현 — -고 나서, -냐고 묻다

듣고 말하기

○ 다음 질문에 대해 이야기해 봅시다.

1. 출장을 가기 전에 무엇을 준비합니까? 다음 그림을 보고 출장 준비에 대해 이야기해 봅시다.

2. 여러분은 출장을 자주 갑니까? 최근에는 무슨 일로, 어디에 다녀왔습니까? 이야기해 봅시다.
3. 출장 계획이 있습니까? 계획이 있다면 어떤 업무에 대한 것입니까? 계획이 없다면 어떤 목적의 출장을 다녀오고 싶습니까?

○ 안드레아스는 비서에게 보고를 받고 있습니다. 다음을 듣고 질문에 대해 이야기해 봅시다.

Track 10

1. 안드레아스의 출장이 연기된 이유는 무엇입니까?

2. 비서는 안드레아스에게 무엇을 다시 알아보겠다고 했습니까?

- 여러분이 계획한 출장 일정을 변경해야 합니다. 비서에게 그 이유를 듣고, 출장 일정을 조정하도록 지시해 봅시다.

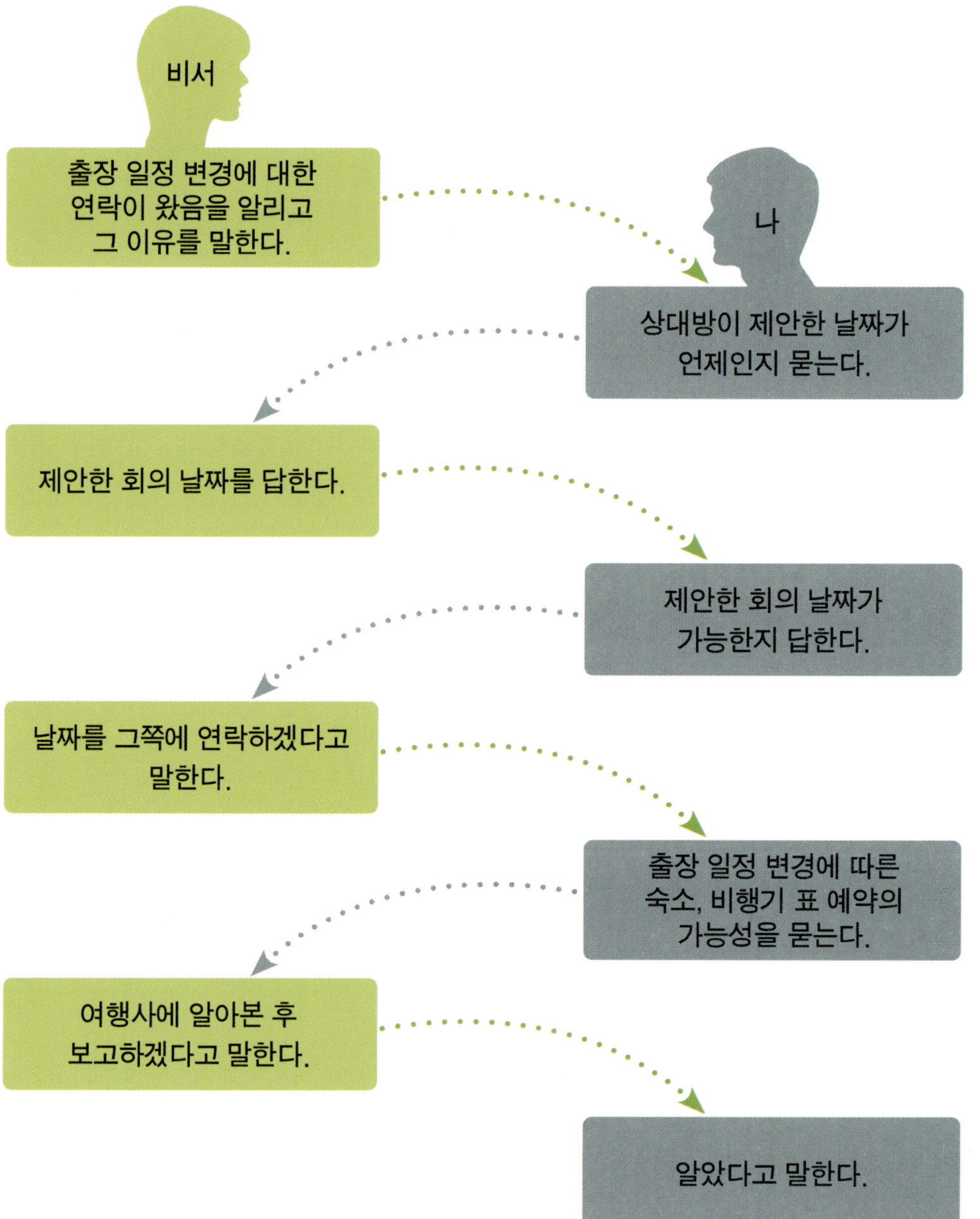

읽고 쓰기

- 다음 질문에 대해 이야기해 봅시다.

1. 여러분은 출장을 다녀온 후 출장 보고서를 쓴 적이 있습니까?

2. 출장 보고서에 무엇을 어떻게 써야 할까요? 들어갈 내용은 무엇인지 생각해 봅시다.

- 다음은 출장 보고서입니다. 다음을 읽고 물음에 답해 봅시다.

출장 보고서

<table>
<tr><th>문서 번호</th><td colspan="3">2-33</td><th>작성일</th><td>2010.11.10.</td></tr>
<tr><th>부 서 명</th><td>총무부</td><th>직 위</th><td>지사장</td><th>성 명</th><td>안드레아스 베르그</td></tr>
<tr><th>출장 기간</th><td colspan="3">10.28－11.4</td><th>출장지</th><td>중국 홍콩</td></tr>
<tr><th>출장 사유</th><td colspan="5">일본 홍보를 위한 전략 회의 참석</td></tr>
<tr><td colspan="6">〈 업무 사항 〉</td></tr>
<tr><td colspan="6">1. 한국지점을 중심으로 일본 지역의 홍보 전략을 의논하는 회의에 참석함.
2. 홍콩지점의 중국 북경 홍보 경험을 듣고 일본 홍보 전략에 활용 가능한 점을 찾고자 함.
3. 홍콩지점 직원들이 한국지점 설립에 많은 도움을 주어서 이에 대한 감사 인사로 식사 대접을 하려고 함.
4. 홍콩지점과 긴밀한 교류를 할 수 있는 방안을 찾고자 함.</td></tr>
<tr><td colspan="6">〈 경비 지출 내역 〉</td></tr>
<tr><th>날 짜</th><th>사용 금액</th><th colspan="4">사용 내역</th></tr>
<tr><td>10월 28일</td><td>₩650,000</td><td colspan="4">항공료</td></tr>
<tr><td>10월 30일</td><td>₩400,000</td><td colspan="4">홍콩 지사 직원들과 저녁 식사</td></tr>
<tr><td>11월 4일</td><td>₩700,000</td><td colspan="4">숙박비</td></tr>
<tr><td colspan="6">〈 성과 및 제안 〉</td></tr>
<tr><td colspan="6">1. 한국지점이 일본, 중국 지역의 개척의 중심지가 됨.
2. 일본에 홍보함으로써 매출 증가가 예상됨.
3. 홍콩지점과의 긴밀한 업무 협조로 한국지점 확장에 많은 도움이 될 것으로 예상됨.
4. 홍콩과 한국지점의 연락 전담자 배정 및 정기적인 회의 개최를 하기로 함.</td></tr>
</table>

주식회사 GUTEN MORGEN

1. 이 사람은 무슨 일로 출장을 다녀왔습니까?

2. 이번 출장의 성과는 무엇입니까?

앞의 글을 참고하여 출장 보고서를 써 봅시다.

출장 보고서

문서 번호				작성일	
부서명		직위		성명	
출장 기간				출장지	
출장 사유					

〈 업무 사항 〉

〈 경비 지출 내역 〉

날짜	사용 금액	사용 내역

〈 성과 및 제안 〉

주식회사 〈 〉

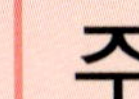

주제 관련 어휘와 표현

제시된 어휘와 표현을 사용하여 다음 문장을 완성해 봅시다.

일비	출장지	현지 사정	장기 출장
출장 보고서	출장 일정표	여행자 수표	

1. 나는 출장을 다녀와서 ______________을/를 쓰는 게 제일 귀찮아요.
2. 출장 전에 출장 가서 할 업무를 생각하며 ______________을/를 작성했어요.
3. 출장 경비에는 매일 쓸 수 있는 ______________이/가 일정액 포함되어 있어요.
4. 이번 ______________은/는 중동 지역이라서 낯선 음식과 문화 때문에 걱정이에요.
5. 다음 주에 김 부장은 남미 지역을 세 달 동안 돌아보는 ______________을/를 떠날 예정이에요.

제시된 표현을 사용하여 출장 가서 생길 수 있는 일과 그 해결 방법을 표에 써 봅시다. 그리고 이에 대해 서로 이야기해 봅시다.

출장지에서의 문제 상황	
일이 잘 안 풀리다	출장지에서 길을 잃다
공항에서 가방이 바뀌다	회사에서 급히 연락하다
예정보다 출장이 길어지다	출장 서류를 회사에 두고 오다
열쇠를 호텔 방에 두고 나오다	~~시차 적응이 안 되어서 늦잠을 자다~~

해결 방법	◦ *해외로 출장 가면* ***시차 적응이 안 되어서 늦잠을 잘*** *수 있으니까 호텔에 모닝콜을 부탁하세요.*

문법과 표현

-고 나서

동사에 붙어 두 개 이상의 동작이 시간적인 순서에 따라 먼저 일어남을 나타낼 때 쓴다.

예 어제 나는 회의 자료를 다 만들고 나서 퇴근했다.

○ 제시된 어휘를 사용하여 다음 문장을 완성해 봅시다.

맡다	바꾸다	꾸짖다	이사하다	그만두다

1. 좋은 직장을 ________________ 집에서 놀고 있어요.
2. 이번에 새 집으로 ________________ 며칠 동안 앓아누웠어요.
3. 김 과장은 부하 직원을 심하게 ________________ 후회를 했어요.
4. 이 일의 책임을 ________________ 몸무게가 3킬로그램이나 빠졌어요.
5. 거래처를 새로운 곳으로 ________________ 속을 썩이던 일이 잘 진행되었어요.

-냐고 묻다

다른 사람의 질문 내용을 인용하거나 전달함을 나타낼 때 쓴다. '-느냐고 묻다' 로 쓰기도 한다.

예 나는 친구에게 지금 어디에 있느냐고 물었다.

○ 제시된 어휘와 표현을 사용하여 다음 문장을 완성해 봅시다.

가다	보냈다	필요하다	졸업했다	되고 싶다

1. 어떤 남자가 몇 번 버스가 종로에 ______________________.
2. 어머니는 나에게 출장가는 데 특별히 무엇이 ______________________.
3. 어제 처음 만난 선배는 나에게 몇 년도에 학교를 ______________________.
4. 지난주에 보냈다는 서류가 도착하지 않아서 전화로 언제 서류를 ______________________.
5. 어렸을 때 어른들이 커서 무엇이 ______________________ 나는 항상 가수라고 대답했어요.

Business Korean

11

월급과 재테크

듣고 말하기	재테크 방법 묻기
읽고 쓰기	가계 보고서
주제 관련 어휘와 표현	재테크
문법과 표현	-(으)ㄴ/는 편이다, -는 대로

듣고 말하기

- 다음 질문에 대해 이야기해 봅시다.

1. 자신이 관심을 가지고 있는 재테크의 방법에 대해 말해 봅시다.

2. 자신이 처음으로 월급을 받았을 때 어떤 기분이었는지 말해 봅시다.

3. 자신의 월급을 어떠한 용도에 얼마만큼 사용하고 있는지 말해 봅시다.

- 안드레아스와 박동하가 월급의 사용과 재테크 방법에 대해 이야기하고 있습니다. 다음을 듣고 질문에 대해 이야기해 봅시다.

Track 11

1. 결혼을 준비하는 사람이 월급에서 가장 많이 사용하는 부분은 무엇입니까?

2. 한국 사람들이 저축보다 주식에 투자하는 경우가 많은 것은 무엇 때문이라고 생각하는지 말해 봅시다.

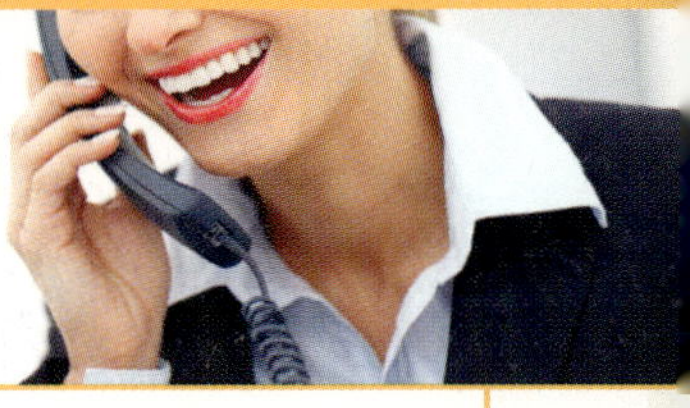

- 여러분은 오늘 직장에서 월급을 받은 사람입니다. 동료를 만나서 월급을 어떻게 쓸까에 대해 이야기를 나누어 봅시다.

동료

월급을 어떻게 사용하느냐고 묻는다.

나

자녀 교육이나 집 장만을 하는 데 주로 월급을 쓴다고 말한다.

집을 사는 데 돈이 많이 드느냐고 묻는다.

그래서 재테크 방법에 관심이 있다는 이야기를 한다.

한국 사람들이 선호하는 재테크 방법은 무엇인지 묻는다.

예전에는 저축이었는데 요새는 주식에 관심이 많다고 말한다.

주식에 투자하고 있느냐고 묻는다.

주로 저축을 한다고 말한다.

읽고 쓰기

다음 질문에 대해 이야기해 봅시다.

1. 가계 보고서를 써 본 적이 있습니까?

2. 가계 보고서에는 어떤 내용이 들어가야 한다고 생각합니까?

다음은 박동하 가족의 지난달 가계 상태와 보고서의 일부입니다. 이것을 보고 물음에 답해 봅시다.

수입은 지난달에 비해 조금 늘었다. 큰 수술이 몇 건 있어서 수당이 더 붙었기 때문이다. 그러나 전체적으로 보아 환자 수는 점점 줄어들고 있다.

지출 내역도 별 차이가 없다. 기름값이 내려서 교통비가 좀 내린 편이다. 그러나 딸 아이가 피아노 학원을 다니기 시작해 학원비 부담이 새로 생겼다. 동료가 부친상을 당하여 조의금을 지출하였고, 친척이 결혼을 하여 축의금도 지출하였다. 생활비는 전반적으로 일정한 편이다.

저축을 하려고 지출 비용을 줄이려 해도 좀처럼 쉽지가 않다. 보다 효과적인 재테크 방법에 대해 공부해야 할 것 같다. 주식이나 부동산은 비용도 많이 들어가고 위험 부담도 크기 때문에 적은 돈으로도 투자할 수 있는 것은 무엇인지 안드레아스에게 자문을 구해야 할 것 같다. 버는 대로 쓰면 돈을 모으기는 어려울 것 같다.

1. 총수입 · 총지출	총수입	총지출	잔 액
	5,000,000	4,500,000	500,000
2. 지출 내역			
날짜	내역	금액	비고
3월 6일	피아노 학원비	120,000	
3월 14일	조의금(동료 부친상)	100,000	
3월 21일	축의금(친척)	100,000	
⋮	⋮	⋮	
3월 31일	교통비	300,000	한 달간 기름값

1. 박동하의 수입이 지난달보다 늘어난 것은 어떤 이유 때문입니까?

2. 박동하의 지출 내역 가운데 지난달에 비해 새롭게 생겨난 내역은 무엇입니까?

- 앞의 글을 참고하여 자신의 지난달 가계 상태에 대해 써 보고 그것을 바탕으로 가계 보고서를 작성해 봅시다.

1. 총수입 · 총지출	총수입	총지출	잔 액
2. 지출 내역			
날 짜	내 역	금 액	비 고

주제 관련 어휘와 표현

◦ 제시된 어휘를 사용하여 다음 문장을 완성해 봅시다.

지출　수입　주식　재테크　투자하다　절약하다　저축하다

1. 물가가 많이 올라 ____________ 이/가 늘어나고 있다.
2. 조원경은 그동안 은행에 ____________ 돈으로 아파트를 구입했다.
3. 김지수는 지난 번 구입한 ____________ 을/를 팔아 큰 이익을 봤다.
4. 요새 사람들은 남는 돈을 다른 곳에 ____________ 데 관심이 많다.
5. 이채연은 월급이 올라 작년보다 올해 ____________ 이/가 많이 늘었다.

◦ 제시된 표현을 이용하여 자신과 친구가 월급을 지출하는 항목은 무엇인지 적어봅시다. 그리고 어떤 항목에 가장 많은 월급을 지출하는지 친구와 함께 이야기해 봅시다.

빚을 갚다　적금을 붓다　집세를 내다　축의금을 내다
~~학원비를 내다~~　부모님께 용돈을 보내다　~~신용카드 대금을 납부하다~~

	나	친구
월급 지출 항목	◦ 학원비를 내다.	◦ 신용카드 대금을 납부하다.

문법과 표현

-(으)ㄴ/는 편이다

대체로 어떤 부류에 속한다는 의미를 나타낼 때 사용한다.
예 오늘은 사람들이 많이 오지 않은 편이다.

● 제시된 어휘와 표현을 사용하여 다음 문장을 완성해 봅시다.

잘하다	붐비다	우수하다	후덥지근하다	더 많다

1. 오늘은 날씨가 상당히 ______________.
2. 학교 도서관에는 사람들이 늘 ______________.
3. 그 사람보다는 그나마 내가 월급이 ______________.
4. 우리 형제들 가운데는 막내가 재테크를 ______________.
5. 철수가 그린 그림 가운데는 그나마 이것이 ______________.

-는 대로

어떤 상태나 행동이 나타나는 그 즉시의 의미를 나타낼 때 사용한다.
예 집에 도착하는 대로 편지를 써 보냈다.

● 제시된 어휘를 사용하여 다음 문장을 완성해 봅시다.

밝다	받다	수리하다	투자하다	입사하다

1. 월급을 ______________ 쓰면 돈을 모으기가 어렵다.
2. 날이 ______________ 짐을 챙겨야 제시간에 도착할 수 있다.
3. 형이 회사에 ______________ 그 회사 근처로 이사하려고 한다.
4. 고장난 자동차를 ______________ 고객에게 즉시 연락해야 한다.
5. 그는 늘 운이 좋아 돈을 ______________ 큰 이익을 남긴다고 한다.

Business Korean

12

업무 스트레스

듣고 말하기	스트레스 해소법 조언하기
읽고 쓰기	결근 사유서
주제 관련 어휘와 표현	스트레스
문법과 표현	-자고 하다, -(으)라고 하다

듣고 말하기

○ 다음 질문에 대해 이야기해 봅시다.

1. 사람들은 스트레스가 언제 쌓입니까? 다음 그림을 보고 스트레스의 원인에 대해 이야기해 봅시다.

동료와 갈등

경제적인 문제

승진 시험

출퇴근 교통

2. 여러분은 요즘 스트레스 받는 일이 있습니까? 무엇 때문입니까?

3. 여러분은 스트레스가 쌓이면 어떻게 스트레스를 풉니까? 스트레스 해소 방법에 대해 이야기해 봅시다.

○ 필립은 직장 선배 박민서와 이야기하고 있습니다. 다음을 듣고 질문에 대해 이야기해 봅시다.

1. 필립은 왜 스트레스가 쌓입니까? 그 이유는 무엇입니까?

2. 의사가 필립에게 권한 스트레스 해소 방법은 무엇입니까?

- 여러분은 친구에게 스트레스의 원인을 말해 봅시다. 그리고 의사와 상담한 내용에 대해 친구의 조언을 들어 봅시다.

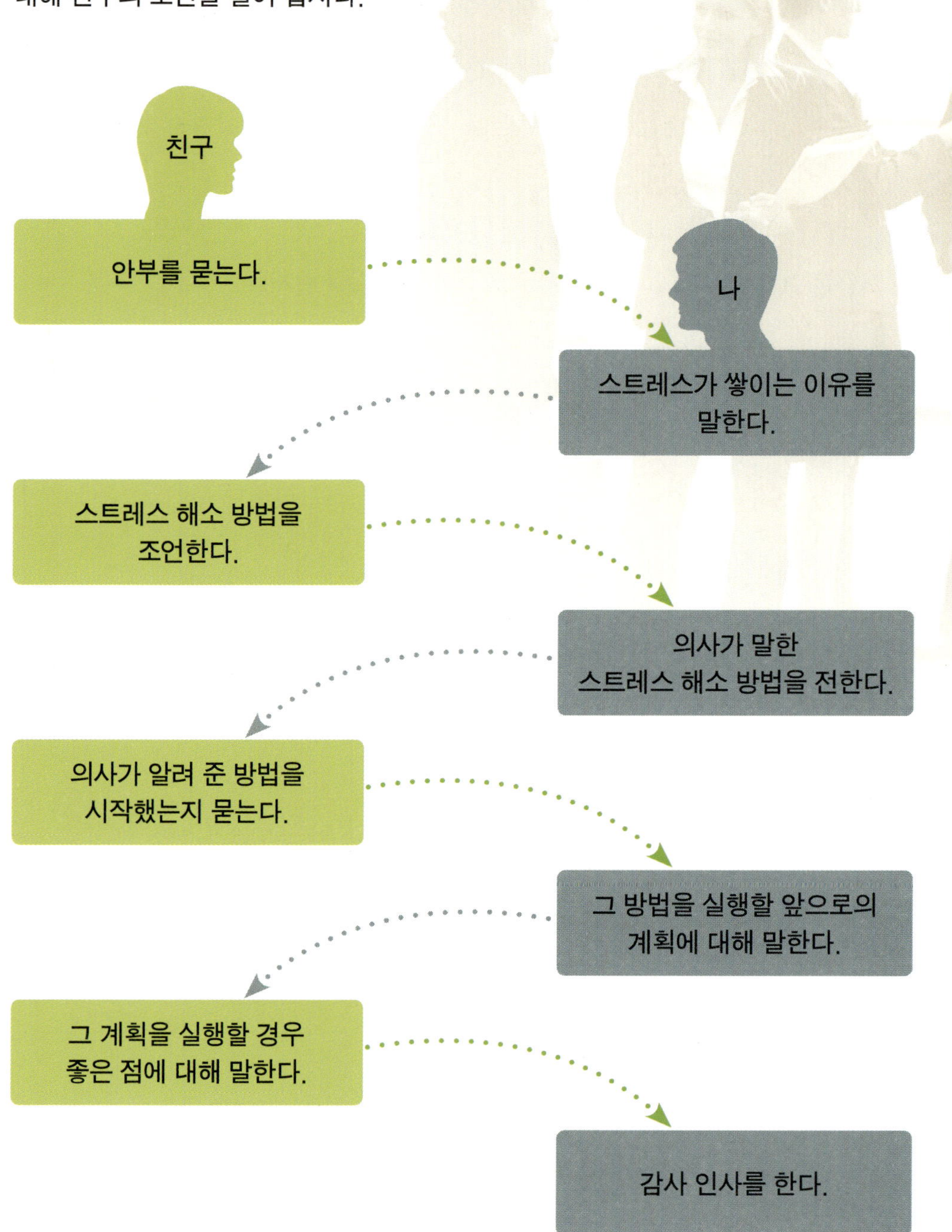

읽고 쓰기

- 다음 질문에 대해 이야기해 봅시다.

1. 여러분은 결근한 적이 있습니까? 무슨 일로 결근을 하였습니까?

2. 결근 사유서를 쓰려고 합니다. 무엇을, 어떻게 써야 할까요? 들어갈 내용에는 무엇이 있는지 생각해 봅시다.

- 다음은 결근 사유서입니다. 다음을 읽고 물음에 답해 봅시다.

결근 사유서 작성자: 박민서 부서명: 총무부 일자 : 2010년 8월 1일	결재	담당	부장	사장
직위	사원		전화번호	3277—3400
기간	2010년 7월 20일 ~ 7월 30일(10일간)			
사유 (자세히 기입할 것)	급성 맹장염으로 수술받고 병원에 4일간 입원하였음. 퇴원 후 일주일 동안 통원 치료를 다녔음. 이후에도 지속적인 치료가 필요하다고 판단됨. (7월 20일: 수술, 7월 20일~24일: 입원, 7월 25일~30일: 통원 치료)			
위와 같이 결근 사유서를 제출합니다. 2010. 8. 1.				

1. 이 사람은 무슨 일로 결근하였습니까?

2. 결근한 기간 동안 이 사람의 일정은 구체적으로 무엇입니까?

앞의 글을 참고하여 결근 사유서를 써 봅시다.

<table>
<tr><td colspan="2" rowspan="2">결근 사유서
작성자: ____________
부서명: ____________
일자 : 20 년 월 일</td><td></td><td>담당</td><td>부장</td><td>사장</td></tr>
<tr><td>결재</td><td></td><td></td><td></td></tr>
<tr><td>직위</td><td colspan="2"></td><td>전화번호</td><td colspan="2"></td></tr>
<tr><td>기간</td><td colspan="5"></td></tr>
<tr><td>사유
(자세히
기입할 것)</td><td colspan="5"></td></tr>
<tr><td colspan="6">위와 같이 결근 사유서를 제출합니다.

20 . . .</td></tr>
</table>

주제 관련 어휘와 표현

- 제시된 표현을 사용하여 다음 문장을 완성해 봅시다.

경쟁 의식	승진 시험	의견 대립	업무 파악
실직 상태	고용 문제	실적 초과 달성	

1. 매년 계약을 해야 하는 직원들은 자신의 ________________(으)로 불안해한다.
2. 새로운 부서에 배치된 후 ________________을/를 하는 데 시간이 많이 걸렸다.
3. 업무 처리에 대한 생각이 상사와 서로 달라서 ________________이/가 있었다.
4. 경기 불황이 계속되면서 취직을 못하고 ________________에 있는 사람이 늘고 있다.
5. 다음 달에 우리 회사에 ________________이/가 있다. 이번에는 꼭 합격하고야 말겠다.

- 제시된 표현을 사용하여 자신의 스트레스 원인은 무엇이고 이를 푸는 방법에 무엇이 있는지 표에 써 봅시다. 그리고 이에 대해 이야기해 봅시다.

~~업무가 과중하다~~	업무가 단조롭다	승진에서 탈락되다
일이 적성에 안 맞다	월급이 쥐꼬리만하다	한직으로 자리를 옮기다
직원들끼리 경쟁이 심하다		동료와 관계가 원만하지 않다

스트레스의 원인과 해결 방법	◦ ***업무가 과중할 때*** *스트레스를 받아요. 그럴 때 친한 동료에게 도움을 청해요.*

문법과 표현

–자고 하다

동사에 붙어 말하는 사람이 하거나 다른 사람에게서 들은 권유나 제안의 내용을 옮겨 말함을 나타낼 때 쓴다.

예 수업 후에 같이 점심을 먹으러 가자고 했다.

○ 제시된 어휘와 표현을 사용하여 다음 문장을 완성해 봅시다.

묵다	지내다	기다리다	준비하다	등산가지 말다

1. 밖에 눈이 오니까 친구들은 오늘 ____________________.
2. 친구가 이제 싸우지 말고 사이좋게 ____________________.
3. 내가 민호에게 선물을 같이 ____________________ 민호는 싫다고 했다.
4. 동료는 값싼 모텔에서 ____________________ 빈 방이 없어서 호텔에서 잤다.
5. 다른 사람들이 좀 더 ____________________ 30분을 더 기다렸지만 친구는 오지 않았다.

–(으)라고 하다

동사에 붙어 말하는 사람이 하거나 다른 사람에게서 들은 명령이나 부탁의 내용을 옮겨 말함을 나타낼 때 쓴다.

예 의사는 환자에게 음식을 조심하라고 했다.

○ 제시된 어휘를 사용하여 다음 문장을 완성해 봅시다.

되다	끝내다	챙기다	작업하다	가져가다

1. 부장님은 이 일을 내일까지 다 ____________________.
2. 공장장님은 우리에게 힘들면 쉬었다가 ____________________.
3. 공항에서 자신의 소지품을 잘 ____________________ 안내방송이 나왔다.
4. 일기예보에서 오늘 비가 오니까 외출할 때 우산을 꼭 ____________________.
5. 어머니는 항상 우리들에게 다른 사람에게 도움이 되는 사람이 ____________________.

| 성공의 지름길 비즈니스 한국어 |

Business Korean

휴가

듣고 말하기	휴가 계획 묻기
읽고 쓰기	휴가 후유증
주제 관련 어휘와 표현	휴가
문법과 표현	–(으)면서, –도록

듣고 말하기

○ 다음 질문에 대해 이야기해 봅시다.

1. 자신이 다녀온 휴가 장소 가운데 가장 인상적인 곳은 어디였는지 말해 봅시다.

2. 휴가를 떠나기 전에 어떤 준비와 계획이 필요한지 이야기해 봅시다.

3. 휴가를 다녀와서 일상으로 다시 돌아갈 때 후유증을 극복하기 위한 방법에 대해 말해 봅시다.

○ 안드레아스와 박동하가 휴가에 대해 이야기하고 있습니다. 다음을 듣고 질문에 대해 이야기해 봅시다.

Track 13

1. 안드레아스가 박동하에게 묻고 있는 것은 무엇에 관한 것입니까?

2. 박동하가 이번 휴가를 위해 특별히 신경을 쓰는 부분은 무엇입니까?

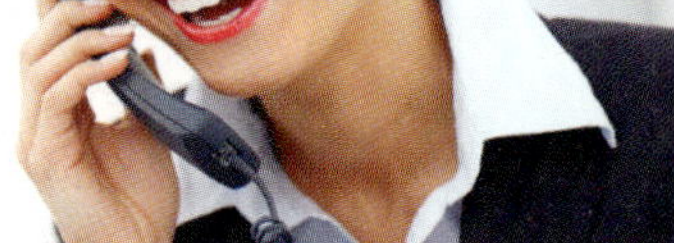

여러분은 곧 휴가를 떠날 사람입니다. 동료를 만나서 휴가를 떠날 때 필요한 부분에 대해 이야기를 나누어 봅시다.

동료: 인사를 한다.

나: 휴가를 어떻게 보낼 생각이냐고 묻는다.

동료: 가족들과 기차 여행을 떠날 것이라고 말한다.

나: 정해 둔 목적지가 있느냐고 묻는다.

동료: 바닷가와 산에 다녀올 것이라고 말한다.

나: 기차 여행에서 특별히 준비해야 할 것은 무엇인지 묻는다.

동료: 이동이 많기 때문에 짐을 줄이는 것이 중요하다고 말한다.

나: 잘 다녀오라는 말을 한다.

읽고 쓰기

다음 질문에 대해 이야기해 봅시다.

1. 휴가 기간이 가장 길었던 적은 언제이고 그것은 얼마 동안이었습니까?

2. 휴가를 다녀와서 후유증을 겪은 적이 있습니까? 후유증 가운데 어떤 것이 가장 힘들었습니까?

다음은 휴가 후유증과 이를 이겨내는 방법에 대한 글의 일부입니다. 이 글을 읽고 물음에 답해 봅시다.

휴가 후에는 보통 휴가 때의 피로로 힘이 없고 밤에 잠도 잘 못 자는 일이 적지 않습니다. 이것을 흔히 휴가 후유증이라고 합니다. 휴가 후유증이 생기는 것은 대개 생체리듬이 깨지기 때문입니다. 잠을 제대로 못 자니 일을 할 때는 피곤하고 힘이 빠지게 되는 것입니다.

몸이 원래의 리듬을 되찾는 데는 보통 일상생활 복귀 후 일주일이 가장 중요합니다. 출근 후 일주일 정도는 술자리나 회식을 피하고 일찍 귀가해 휴식을 취하면서 하루 7~8시간의 수면을 취하도록 해야 합니다. 낮 동안에 심한 피로가 느껴지면 점심시간을 이용해 잠깐 숙면을 취하는 것도 좋습니다. 가벼운 목욕은 근육을 이완시키는 것은 물론 정신적인 스트레스를 감소시켜 숙면을 취하는 데 도움이 됩니다. 또한 물을 자주 마셔 수분을 보충하고 채소와 과일을 통한 비타민 섭취로 신진대사를 활발하게 해 주는 것이 바람직합니다.

1. 이 글에서 휴가 후유증으로 제시된 것은 무엇입니까?

2. 보통 휴가 후유증을 극복하는 데 가장 중요한 시기는 언제입니까?

- 앞의 글을 참고하여 자신이 겪었던 휴가 후유증과 이를 이겨내기 위해 어떠한 방법을 사용했는지 적어 봅시다.

주제 관련 어휘와 표현

- 제시된 어휘와 표현을 사용하여 다음 문장을 완성해 봅시다.

독서	숙박	여행사	머무르다	예약하다	짐을 싸다	휴가를 떠나다

1. 휴가철에는 미리 ________________ 않으면 표를 구하기가 쉽지 않다.
2. 여름철에는 직장인들이 ________________ 담당자가 없는 경우가 많다.
3. 서민지는 이번 휴가에는 북카페에서 ________________을/를 하기로 했다.
4. 윤정수는 출발하기에 앞서 옷, 음식 등 필요한 ________________ 시작했다.
5. 성윤모는 돌아볼 곳이 많아서 한곳에 오래 ________________ 않기로 했다.

- 제시된 표현을 이용하여 휴가를 떠나는 주된 목적은 어디에 있는지 동료와 함께 적어 봅시다. 그리고 차이가 있다면 그 이유는 무엇인지 서로 이야기해 봅시다.

재충전을 하다	레저를 즐기다	~~체력을 보강하다~~	영양을 보충하다
일상에서 벗어나다	~~충분한 수면을 취하다~~	업무 스트레스를 해소하다	

	나	동료
휴가를 떠나는 목적	◦ *체력을 보강하기 위해*	◦ *충분한 수면을 취하기 위해*

문법과 표현

-(으)면서

두 가지 이상의 움직임이나 상태 따위가 동시에 겸하여 있음을 나타낼 때 사용한다.
예 신문을 보면서 밥을 먹는다.

○ 제시된 어휘를 사용하여 다음 문장을 완성해 봅시다.

운전하다	메모하다	소리치다	돌아다니다	갈아입히다

1. 약속 시간에 늦어 엄마가 아이의 옷을 ____________ 밥을 먹고 있다.
2. 아이들이 서로서로 공을 패스해 달라고 ____________ 축구를 하고 있다.
3. ____________ 전화를 하는 것은 사고가 날 수 있기 때문에 매우 위험하다.
4. 이 책은 김지수가 전국을 직접 ____________ 유명한 곳을 조사하여 만들었다.
5. 외국어를 배울 때 단어를 종이에 ____________ 암기하면 학습 효과가 더 크다는 보고가 있다.

-도록

앞의 내용이 뒤에서 가리키는 동작이나 상태의 목적이나 결과, 방식, 정도 따위가 됨을 나타낸다.
예 나무가 잘 자라도록 물을 충분히 주었다.

○ 제시된 어휘와 표현을 사용하여 다음 문장을 완성해 봅시다.

새다	주무시다	여행할 수 있다	들어오지 못하다	공평하게 이루어지다

1. 김민희는 편안히 ____________ 돈을 넉넉히 가지고 출발하였다.
2. 야영을 할 때는 벌레들이 텐트 속으로 ____________ 주의해야 한다.
3. 학생들에 대한 평가가 ____________ 시험 문제 출제에 신경을 써야 한다.
4. 이번 휴가는 어디로 갈지 가족들과 함께 밤이 ____________ 의견을 나누었다.
5. 아버지께서는 너무 피곤하시기 때문에 밤에 편히 ____________ 우리가 조용히 해야 한다.

Business Korean

14 발표와 협상

듣고 말하기	발표 유의 사항 말하기
읽고 쓰기	효과적인 협상법
주제 관련 어휘와 표현	발표
문법과 표현	-ㄴ/는다면, -(으)려고 해도

듣고 말하기

다음 질문에 대해 이야기해 봅시다.

1. 발표나 협상을 할 때 유의해야 할 점에 대해 말해 봅시다.

프레젠테이션

자료 준비

타협

설명

2. 다른 사람과 협상을 할 때 실수했던 경험에 대해 말해 봅시다.

3. 효과적인 발표나 협상을 위해 준비해야 할 것은 무엇인지 말해 봅시다.

마이크 김과 김영희가 발표의 유의점에 대해 이야기하고 있습니다. 다음을 듣고 질문에 대해 이야기해 봅시다.

Track 14

1. 김영희가 발표를 할 때 가장 중요하게 생각하는 것은 무엇입니까?

2. 마이크 김이 발표를 할 때 긴장을 하지 않는 방법으로 제시한 것은 무엇입니까?

- 여러분은 직장에서 바이어들을 상대로 제품 설명 발표를 하려고 합니다. 발표를 할 때 어떤 태도를 가져야 하는지에 대해 직장 상사와 함께 이야기를 나누어 봅시다.

직장 상사: 발표에 대한 중요성을 이야기한다.

나: 지금까지의 발표 준비 상황에 대해 말한다.

직장 상사: 발표 준비하면서 어려운 점은 없는지 묻는다.

나: 발표를 할 때 가장 주의해야 할 점은 무엇인지 묻는다.

직장 상사: 효과적인 발표를 위해 여러 사항을 조언해 준다.

나: 청중들은 어떤 사람들인지 묻는다.

직장 상사: 청중들의 특성에 대해 말한다.

나: 발표 준비하는 데 많은 도움이 되겠다는 말을 한다.

읽고 쓰기

- 다음 질문에 대해 이야기해 봅시다.

1. 다른 사람과의 협상에서 성공한 적이 있습니까?

2. 효과적인 협상을 위해서는 어떻게 해야 한다고 생각합니까?

- 다음은 효과적인 협상법에 대한 설명의 일부입니다. 다음을 읽고 물음에 답해 봅시다.

첫째, 문제와 사람을 분리시켜야 한다. 사람은 감정을 가지고 있기 때문에 항상 합리적으로 행동하기는 어렵다. 따라서 협상하는 사람들 사이의 인간적인 문제에 대해서 관심을 가져야 한다. 문제에 관한 관점이 다른 것은 상대방이 잘못된 것이 아니라 인식의 차이일 뿐이다. 그리고 진정으로 상대방의 말에 공감할 줄 알아야 한다.

둘째, 입장이 아닌 이해관계에 초점을 맞추어야 한다. 서로의 주장이 가지는 근본적인 관점에 대해 대화하고 가능하면 모두의 이해관계를 충족시킬 수 있는 대안을 찾아야 한다.

셋째, 서로에게 이득이 되는 방법을 찾아야 한다. 한 가지 해결법만을 주장할 것이 아니라, 서로 노력해서 가능한 한 많은 수의 방법을 생각해 낸다면 양측의 이해관계를 충족시킬 수 있는 가능성이 더욱 커진다.

넷째, 객관적인 기준을 마련해야 한다. 누가 보더라도 객관적이고 공정한 기준을 사용한다면 입장에 근거해서 협상할 때보다 합의한 사실에 수긍하기가 더 쉬울 것이다. 기준이 객관적이지 못하면 아무리 설득하려고 해도 좋은 성과를 얻기가 어렵다.

1. 객관적인 기준을 마련하면 효과적인 협상을 하는 데 어떻게 도움이 됩니까?

2. 모두의 이해관계를 충족시킬 수 있는 대안을 찾기 위한 방법은 무엇입니까?

- 앞의 글을 참고하여 자신이 협상에 성공했던 이유 혹은 실패했던 이유에 대해 써 봅시다.

주제 관련 어휘와 표현

○ 제시된 어휘와 표현을 사용하여 다음 문장을 완성해 봅시다.

발표자	협상가	준비하다	제시하다
설득하다	협상하다	발표를 맡다	

1. 박상준이 ________________(으)로 나서면 모든 청중이 주의를 집중한다.
2. 서은영이 이번 제품 설명에 대한 ________________ 자료를 수집하고 있다.
3. 밤을 새워 ________________ 자료를 가져오지 않아 계약이 결국 무산되었다.
4. 강덕호는 불리한 조건에도 계약을 성사시키는 훌륭한 ________________이다.
5. 나와 다른 생각을 가지고 있는 사람들을 ________________ 위해서는 진심으로 말해야 한다.

○ 제시된 표현을 발표와 협상의 특성으로 구분하여 아래 표를 완성해 봅시다. 그리고 이 어휘들을 사용하여 발표와 협상의 공통점과 차이점에 대해 동료와 함께 이야기해 봅시다.

내용을 설명하다	자료를 정리하다	~~청중을 분석하다~~	감정에 호소하다
논리적으로 말하다	~~협상안을 제시하다~~	상대방의 의견을 존중하다	

발표의 특성	◦ *청중을 분석하다*
협상의 특성	◦ *협상안을 제시하다*

문법과 표현

-ㄴ/는다면

어떠한 사실을 가정하여 조건으로 삼을 때 사용한다.

예 내 생각이 마음에 든다면 한번 따라 해 보는 게 어떨까?

○ 제시된 어휘를 사용하여 다음 문장을 완성해 봅시다.

가다	위로하다	개방하다	거절하다	힘들어하다

1. 네가 그렇게 ______________ 너 대신 내가 발표를 맡도록 하겠다.
2. 이번에도 상대방의 호의를 ______________ 협상은 결렬될지도 모른다.
3. 네가 박형우의 졸업식에 ______________ 그는 틀림없이 매우 기뻐할 것이다.
4. 게임에 진 사람들을 ______________ 다음번에는 보다 좋은 경기를 펼치는 데 힘이 될 것이다.
5. 그동안 물건을 쌓아만 놓았던 창고를 ______________ 많은 사람들이 도움을 받을 수 있을 것이다.

-(으)려고 해도

어떤 행동을 할 의도나 욕망이 이루어지기 힘듦을 나타낼 때 사용한다.

예 그가 자리에서 일어나려고 해도 몸이 말을 듣지 않았다.

○ 제시된 어휘를 사용하여 다음 문장을 완성해 봅시다.

달성하다	따라잡다	모집하다	구매하다	되돌아가다

1. 왔던 곳으로 ______________ 날이 어두워져 길이 잘 보이지 않는다.
2. 물건을 ______________ 이미 다 팔려나간 후라서 하나도 살 수 없었다.
3. 앞 선수를 ______________ 그 선수가 너무 빠르게 달려 쉽지가 않을 것 같다.
4. 발표할 사람들을 새로 ______________ 지원자가 많지 않을 것 같아 걱정이 된다.
5. 협상 목표를 ______________ 곁에서 도와주는 사람이 없으면 그만큼 힘이 더 들게 된다.

Business Korean

홍보

- 듣고 말하기 — 홍보에 대해 조언하기
- 읽고 쓰기 — 홍보 기획문
- 주제 관련 어휘와 표현 — 홍보
- 문법과 표현 — -기 바랍니다, -기는 하지만

듣고 말하기

○ 다음 질문에 대해 이야기해 봅시다.

1. 다음에서 홍보하거나 광고하는 것은 무엇인지 말해 봅시다.

기업 홍보

기관 홍보

신발 광고

지역 특산물 홍보 책자

2. 홍보나 광고를 하는 이유는 어디에 있다고 생각하는지 이야기해 봅시다.

3. 자신이 좋다고 생각한 홍보나 광고는 무엇이었는지 이야기해 봅시다.

○ 캐런 핑과 최철수가 회사 홍보물에 대해 이야기하고 있습니다. 다음을 듣고 질문에 대해 이야기해 봅시다.

Track 15

1. 광고 형식의 홍보와 책자 형식의 홍보가 가지는 차이는 무엇입니까?

2. 홍보 책자 제작에 있어서 신경 써야 할 것으로 최철수가 강조한 것은 무엇입니까?

- 여러분은 직장에서 홍보 관련 일을 담당하는 사람입니다. 홍보물 제작에 대해 동료와 함께 이야기를 나누어 봅시다.

상사: 안부 인사를 한다.

나: 지난번 홍보에 대한 반응을 묻는다.

상사: 대체로 만족적인 반응이었다고 말한다.

나: 다음에는 홍보 책자를 제작해 달라는 부탁을 받았다는 말을 한다.

상사: 홍보 책자 제작에 있어서의 단점과 장점에 대해 이야기한다.

나: 준비 과정의 중요성에 대해 이야기한다.

상사: 믿고 맡겨 주어서 고맙다는 말을 한다.

나: 중간 중간 진행 사항을 보고해 달라고 한다.

읽고 쓰기

다음 질문에 대해 이야기해 봅시다.

1. 홍보는 어떤 효과를 가지고 있다고 생각합니까?

2. 홍보를 잘하기 위한 방법에는 어떤 것이 있다고 생각합니까?

다음은 청소년을 대상으로 한 영양제의 홍보 기획문 가운데 일부입니다. 다음을 읽고 물음에 답해 봅시다.

이 제품의 가장 큰 특징은 청소년들의 성장에 도움이 되는 성분이 많이 들어 있다는 것입니다. 따라서 청소년들이나 청소년을 둔 부모들을 대상으로 홍보를 기획할 필요가 있습니다. 구체적인 홍보 방법으로는 다음과 같은 것들이 효과적일 것으로 판단됩니다.

첫째, 스타를 고용하는 것입니다. 비록 비용이 많이 들기는 하지만 자녀를 가진 유명 인사를 통해서 홍보의 효과를 극대화할 수 있기 때문입니다.

둘째, 샘플을 나누어 주는 것입니다. 중 · 고등학교 앞에서 축하나 기념 이벤트 등을 통해 샘플을 나누어 주면 제품의 인지도를 높일 수 있습니다. 이 방법은 거리 홍보와 병행할 수 있습니다.

셋째, 간접적인 홍보성 기사를 내는 것입니다. 이것은 기사나 칼럼을 쓰는 사람들을 통해 제품에 대해 홍보하는 방법으로 미디어를 이용한다는 점에서 홍보 효과가 매우 큽니다.

1. 위에서 제품 홍보의 대상으로 삼은 것은 누구입니까?

2. 위에 제시된 홍보 방법 가운데 거리 홍보와 병행하는 것이 좋은 것은 어느 것입니까?

○ 앞의 글을 참고하여 제품이나 서비스에 대한 홍보 기획문을 작성해 봅시다.

홍보 기획문

수신: ____________________ 주식회사 대표이사

참조: 기획관리부장

제목: ____________________ 홍보 기획문입니다.

20　　년　　월　　일

________시 ________구 ________동 ________.

____________________ 주식회사

____________________ 배상

주제 관련 어휘와 표현

제시된 어휘를 사용하여 다음 문장을 완성해 봅시다.

광고	매체	디자인	이미지
선전하다	제작하다	홍보하다	

1. 김지수는 이번에 새로 나온 제품의 ______________을/를 제작하여 방송하였다.
2. 이번에 새로 광고를 찍은 것은 신제품의 특징을 사람들에게 널리 ______________ 위한 것이다.
3. 정지우가 기획한 아이디어를 바탕으로 직접 ______________ 홍보 책자를 전국에 보낼 예정이다.
4. 회사마다 자신의 ______________을/를 좋게 하기 위해 기부나 사회봉사 활동을 적극적으로 한다.
5. 그 회사는 신문, 텔레비전, 인터넷 등 다양한 ______________을/를 활용하여 제품을 홍보하고 있다.

제시된 표현을 이용하여 홍보의 과정에서 같은 단계에 해당한다고 생각되는 것들로 표를 채워 봅시다. 그리고 홍보부서에서 하는 일들로 또 무엇이 있는지 동료와 함께 이야기해 봅시다.

~~자료를 조사하다~~	정보를 수집하다	홍보물을 배포하다	~~홍보 매체를 조직하다~~
홍보 책자를 기획하다	광고 문안을 작성하다	소비자의 취향을 분석하다	

조사 단계	∘ *자료를 조사하다.*
제작 단계	∘ *홍보 매체를 조직하다.*

문법과 표현

-기 바랍니다

어떤 일이나 상태가 원하는 대로 되기를 완곡하게 요구할 때 사용한다.
예 표를 구매하고자 하는 사람은 차례대로 줄을 서기 바랍니다.

○ 제시된 어휘를 사용하여 다음 문장을 완성해 봅시다.

입장하다	서두르다	발휘하다	복습하다	제출하다

1. 학습 효과를 높이고 싶으면 배운 것을 그날그날 ________________.
2. 영화가 곧 시작될 예정이니 표를 구입한 사람은 영화관에 ________________.
3. 홍보부서에서 일하고 싶은 사람은 지원서를 작성하여 회사에 ________________.
4. 차가 정시에 출발할 것으로 예상되니 차를 놓치고 싶지 않은 사람은 ________________.
5. 회사 홍보 대회에서 좋은 성적을 거두고 싶은 사람은 예선에서부터 자신의 실력을 최대한 ________________.

-기는 하지만

어떤 내용이나 사실을 시인하면서 그 반대되는 내용을 말할 때 사용한다.
예 날이 춥기는 하지만 사람들의 열기는 뜨거웠다.

○ 제시된 어휘를 사용하여 다음 문장을 완성해 봅시다.

고치다	불안하다	서먹하다	애매하다	적극적이다

1. 그 문제의 정답이 무엇인지 ________________ 그리 어려운 문제는 아니다.
2. 매년 장마철이 되기 전에 건물을 ________________ 비가 새는 곳이 줄지 않고 있다.
3. 아직은 홍보부서의 직원들과 사이가 ________________ 시간이 지나면 곧 친해질 것 같다.
4. 김영호는 회사 홍보에 ________________ 자신의 얼굴이 직접 나오는 것을 좋아하지는 않는다.
5. 아이가 아직도 집에 돌아오지 않아 마음이 ________________ 똑똑한 아이이니 별 탈은 없을 것이다.

Business Korean

16

무역

듣고 말하기	경제 상황에 대해 말하기
읽고 쓰기	무역 전망
주제 관련 어휘와 표현	무역
문법과 표현	-더라도, 덕분에

듣고 말하기

● 다음 질문에 대해 이야기해 봅시다.

1. 여러분은 한국의 대표적인 수출품들이 무엇이라고 생각합니까?

2. 여러분이 지금 가지고 있는 물건들은 어느 나라로부터 수입된 것들입니까?

3. 국가 간 무역의 긍정적인 점에 대해서 이야기해 봅시다.

● 캐런 핑과 박민서는 최근 환율 변화와 무역의 관계에 대해 이야기하고 있습니다. 다음을 듣고 질문에 대해 이야기해 봅시다.

Track 16

1. 캐런은 왜 민서 회사의 수출이 잘 될 것이라고 생각했습니까?

2. 민서는 왜 회사의 수출이 줄었다고 합니까?

○ 여러분은 경제 변화와 무역의 관계에 대해서 친구와 이야기하고 있습니다. 무역에 영향을 끼치는 여러 요인에 대해서 이야기해 봅시다.

친구: 환율 변화가 수출에 영향을 주었는지 묻는다.

나: 한국 돈 가치는 떨어졌지만 수출은 오히려 줄었다고 대답한다.

친구: 가격이 떨어졌는데 수출이 늘지 않는 것에 대해 의문을 가지고 질문한다.

나: 세계적으로 경제적 상황이 좋지 않기 때문이라고 설명한다.

친구: 상대방의 설명에 수긍한다.

나: 그러나 국제 경제가 좋아질 것이라는 전망에 대해 이야기한다.

친구: 상대방 회사가 수출하는 국가와 한국이 자유무역을 시작한다는 정보에 대해서 이야기한다.

나: 그렇게 된다면 수출이 다시 좋아질 것이라고 말한다.

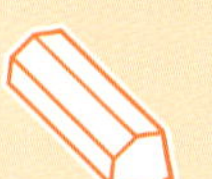

읽고 쓰기

○ 다음 질문에 대해 이야기해 봅시다.

1. 올해나 내년 국제 무역에 대한 전망을 읽어 본 적이 있습니까?

2. 무역 전망에 대한 글에는 어떤 어휘와 표현들이 쓰입니까?

○ 다음은 한국 무역에 대한 신문기사의 일부입니다. 다음을 읽고 물음에 답해 봅시다.

정부, 내년도 국제 무역을 긍정적으로 전망

정부는 '내년도 국제 무역 동향 및 전망' 보고서를 통해 내년에는 세계 각국이 자유무역을 활성화하고 자국 산업 보호를 위해 다양한 형태의 수입규제 정책을 줄일 것으로 보인다고 발표했다. 이 보고서는 올해 112건이었던 전 세계의 한국제품에 대한 수입규제조치가 내년부터는 점차 줄어들어 5년 이내에 현재의 절반 이하로 줄어들 것으로 전망했다.

이에 따라 내년도 한국의 수출은 크게 늘어나 지난해 수출에 비해 30% 이상 증가할 것으로 내다보았으며 이와 같은 상승세는 앞으로 5년 이상 계속될 것으로 전망했다. 한국의 주력 수출품인 반도체, 자동차, 석유제품, 선박, 휴대전화, 철강 제품은 세계 시장에서 지속적으로 강세를 유지할 것이며, 여기에 영화, 애니메이션, 게임 등 문화콘텐츠의 수출도 크게 성장할 것으로 예상된다.

1. 내년 한국의 대외 무역에 대한 전망은 전반적으로 어떻습니까?

2. 세계 시장에서 한국의 주요한 수출품은 무엇입니까?

- 앞의 글을 참고하여 내년도 한국 경제 변화가 여러분 회사에 미칠 영향에 대해 전망하는 글을 써 봅시다.

주제 관련 어휘와 표현

- 제시된 어휘와 표현을 사용하여 다음 문장을 완성해 봅시다.

감소	관세	증가	보호무역	자유무역	국제 경제	환율 변화

1. 최근 ______________(으)로 달러 가치가 하락했다.
2. 수입품 가격에는 ______________이/가 포함되어 있다.
3. 무역은 두 국가의 경제뿐만 아니라 ______________의 영향도 받는다.
4. 국가가 국내 시장에 수입품이 들어오는 과정을 어렵게 하는 것을 ______________(이)라고 한다.
5. 두 국가가 무역을 서로 쉽게 할 수 있도록 국내 시장을 개방하는 것을 ______________(이)라고 한다.

- 제시된 표현을 수출과 수입에 관련된 두 경우로 구분하여 아래 표를 완성해 봅시다. 그리고 이 표현들을 사용해 무역에 대해 동료와 함께 이야기해 봅시다.

통관검사를 강화하다	원화 환율이 떨어지다	원화 환율이 올라가다
국내 물가가 상승하다	정부의 지원책이 있다	국내 물가가 하락하다
~~상대 국가가 시장을 개방하다~~	~~수입품에 높은 관세를 부과하다~~	

수출에 유리한 경우	◦ *상대 국가가 시장을 개방하다.*
수입을 막는 데 유리한 경우	◦ *수입품에 높은 관세를 부과하다.*

문법과 표현

-더라도

부정적이거나 극단적인 상황, 또는 보장하기 어려운 내용이 뒤에 나올 때 사용하여 양보의 뜻을 나타낸다.

예 값이 비싸더라도 살 수 있어요.

○ 제시된 어휘를 사용하여 다음 문장을 완성해 봅시다.

바쁘다	생기다	하락하다	피곤하다	실패하다

1. 무슨 일이 ________________ 절대로 당황하지 마세요.
2. 아무리 일이 ________________ 제때 식사하도록 노력하세요.
3. 어제 야근으로 ________________ 맡은 일은 끝내고 퇴근해야 한다.
4. 원화 환율이 ________________ 우리 제품의 수출에는 영향이 없을 것이다.
5. 신상품이 ________________ 기존 제품이 잘 팔리고 있으니 걱정하지 마세요.

덕분에

명사 다음에 쓰여서 이익이 되는 이유나 원인을 제시할 때 사용한다.

예 환율 덕분에 수출이 늘었어요.

○ 제시된 어휘를 사용하여 다음 문장을 완성해 봅시다.

리더십	IT기술력	지원	관심	가난

1. 회사의 넉넉한 ________________ 이번 사원 연수는 제주도로 가게 됐어.
2. 어머니의 지속적인 ________________ 아이의 숨겨진 재능을 찾아낼 수 있었다.
3. 부장님의 뛰어난 ________________ 기한 내에 프로젝트를 마칠 수 있었습니다.
4. 어려운 국제 경제 속에서도 한국 경제는 ________________ 성장을 지속하고 있다.
5. 부모님의 사업이 망해서 집안에 늘 돈이 모자랐지만 그 ________________ 성공을 경험하게 됐습니다.

B u s i n e s s
K o r e a n

17

벤처 기업

듣고 말하기	벤처 기업 정보 얻기
읽고 쓰기	벤처 기업 소개
주제 관련 어휘와 표현	회사 경영
문법과 표현	–(으)ㄴ/는 대신에, –(이)라고 할 수 있다

듣고 말하기

○ 다음 질문에 대해 이야기해 봅시다.

1. 여러분은 벤처 기업이 무엇인지 알고 있습니까? 벤처 기업은 어떤 기업인지 이야기해 봅시다.

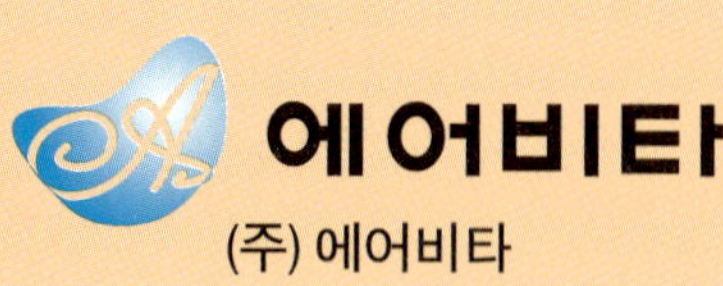

see it all MEDISON
(주) 메디슨

Ahn 안철수연구소
(주) 안철수연구소

hancom 한글과컴퓨터
(주) 한글과 컴퓨터

2. 벤처 기업은 어떤 성격을 가진 기업입니까? 대기업과 어떤 점에서 차이가 있는지 이야기해 봅시다.

3. 여러분 나라에도 한국의 벤처 기업과 같은 기업이 있으면 이야기해 봅시다.

○ 마이크 김과 김영희는 벤처 기업과 대기업의 차이에 대해 이야기하고 있습니다. 다음을 듣고 질문에 대해 이야기해 봅시다.

Track 17

1. 김영희가 설명하는 벤처 기업의 특성은 무엇입니까?

2. 김영희가 설명하는 벤처 기업과 중소기업의 차이점은 무엇입니까?

○ 여러분이 알고 있는 벤처 기업과 벤처 기업의 특성에 대해서 회사 동료와 이야기해 봅시다.

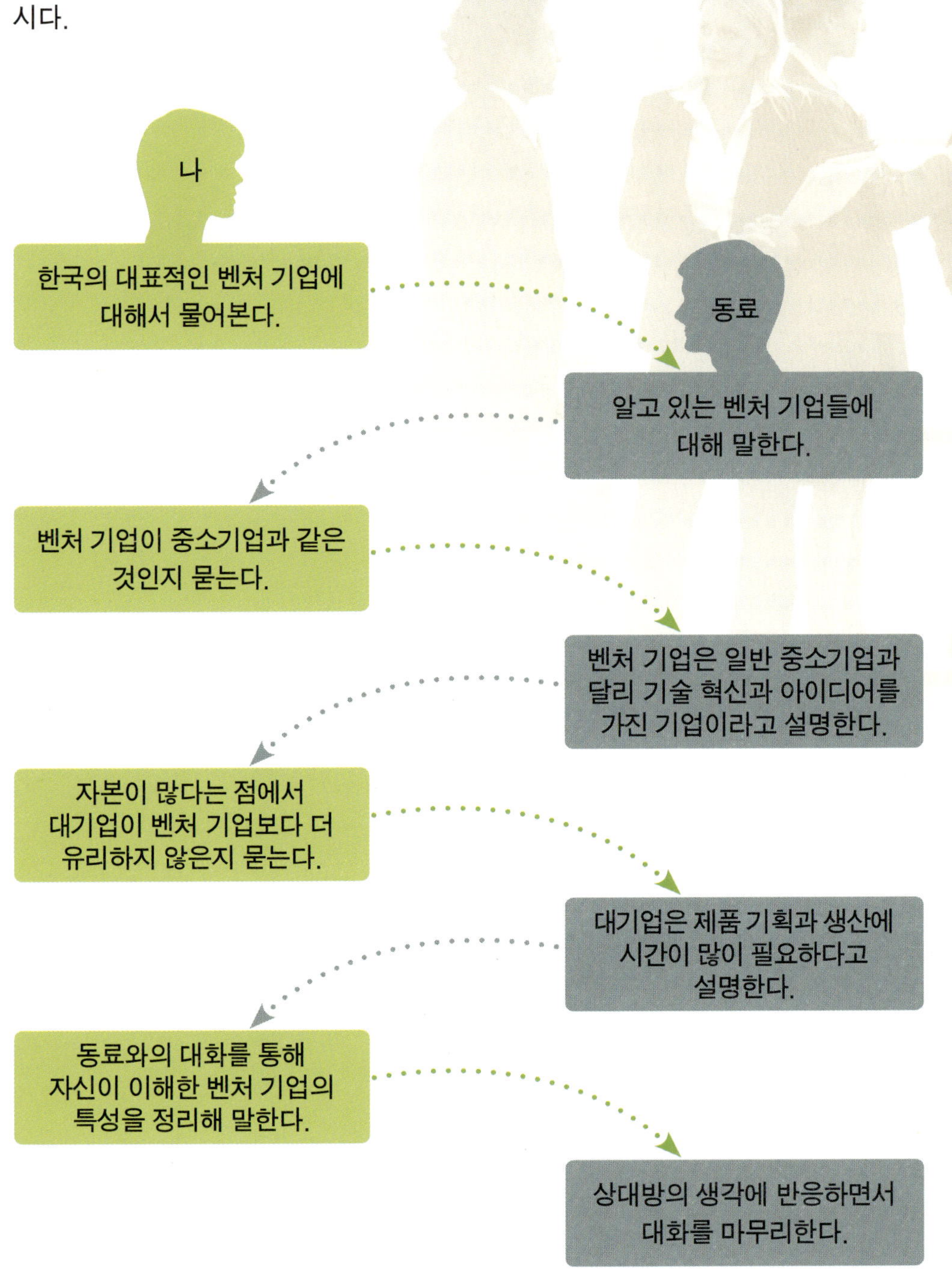

읽고 쓰기

다음 질문에 대해 이야기해 봅시다.

1. 여러분이 알고 있는 벤처 기업에는 어떤 기업이 있습니까? 그 벤처 기업은 처음에 어떻게 시작되었습니까?

2. 벤처 기업은 성공하면 큰 소득을 얻지만 그만큼 실패 위험도 높다고 합니다. 벤처 기업이 지속적인 성공을 하려면 어떻게 해야 하겠습니까?

다음은 한국 벤처 기업 중 '안철수연구소'에 대한 소개입니다. 다음을 읽고 물음에 답해 봅시다.

'안철수연구소'의 역사는 곧 한국 벤처 기업의 역사라고도 할 수 있다. 1995년 3월 15일 안철수 현 이사회 의장에 의해 창립되어 국내 컴퓨터 사용자들을 컴퓨터 바이러스로부터 지켜 왔다. 직원 500명, 연 매출액 500억 원으로 대기업에 비교하면 아주 작은 규모의 중소기업이다. 그러나 그 기술력을 세계적으로 인정받아 미국으로도 백신 프로그램을 수출하고 있으며, 사회봉사와 투명한 기업 운영으로 국가적인 인기를 얻고 있다. 이러한 이유로 이곳의 설립자인 안철수 씨는 매년 '대한민국 국민들이 가장 좋아하는 CEO'의 자리를 오랫동안 유지하고 있기도 하다.

1. '안철수연구소'의 주요 상품은 무엇입니까?

2. '안철수연구소'의 설립자는 왜 인기가 많습니까?

- 앞의 글을 참고하여 여러분이 알고 있는 벤처 기업에 대해 간단히 소개하는 글을 써 봅시다.

주제 관련 어휘와 표현

제시된 어휘와 표현을 사용하여 다음 문장을 완성해 봅시다.

규모	자본	기술 혁신	지원하다
창립하다	경영 구조	제품 기획	

1. 영희는 졸업 전에 벤처 기업을 __________ 싶어 한다.
2. 대기업은 중소기업에 비해 __________이/가 복잡하다.
3. 이 시계는 신입 사원의 반짝이는 __________(으)로 개발되었다.
4. 경제가 힘들수록 기업들은 __________(으)로 위기를 극복해야 한다.
5. 중소기업들은 기술력은 있으나 __________ 부족으로 여러움을 겪기도 한다.

제시된 표현을 벤처 기업과 대기업으로 구분하여 아래 표를 완성해 봅시다. 그리고 이 어휘들을 사용해 두 기업의 성격에 대해서 동료와 함께 이야기해 봅시다.

~~규모가 크다~~	인지도가 높다	기술 집약적이다
자본이 풍부하다	신기술을 보유하다	~~경영 구조가 간단하다~~
정부로부터 지원을 받다	새로운 시장을 개발하다	

벤처 기업	◦ *경영 구조가 간단하다.*
대기업	◦ *규모가 크다.*

문법과 표현

-(으)ㄴ/는 대신에

앞말이 나타내는 행동이나 상태와 다르거나 그와 반대임을 나타낼 때 쓴다.

예 대기업은 연봉이 높은 대신에 승진이 어렵다.

○ 제시된 어휘를 사용하여 다음 문장을 완성해 봅시다.

올리다	연기하다	반납하다	감원하다	작다

1. 제품 가격을 ________________ 최고의 품질을 약속하겠습니다.
2. 새로운 사업을 ________________ 현재 진행 중인 사업을 빨리 끝냅시다.
3. 벤처 기업은 기업의 규모가 ________________ 기술 투자에 집중하고 있다.
4. 회사일이 밀려서 여름휴가를 ________________ 가을에 휴가를 받기로 했다.
5. 회사는 해외 현지 직원들을 ________________ 국내 공장에 일자리를 늘릴 것이다.

-(이)라고 할 수 있다

어떤 사물이나 사건을 자신이 알고 있는 수준에서 풀어 설명하거나 개인적인 생각을 이야기할 때 쓴다.

예 벤처 기업은 새로운 기술과 아이디어를 가진 중소기업이라고 할 수 있습니다.

○ 제시된 어휘와 표현을 사용하여 다음 문장을 완성해 봅시다.

과정	승리	특징	착각	별들의 전쟁

1. 연말 연기 대상 시상식은 ________________.
2. 정보화란 자료들을 목적에 맞게 처리하는 ________________.
3. 인간만이 도구를 사용한다고 생각하는 것은 ________________.
4. 전문 지식과 신기술은 벤처 기업의 가장 뚜렷한 ________________.
5. 독일은 앞으로 핵발전소를 만들지 않기로 했는데 이것은 독일 환경 운동의 ________________.

| 성공의 지름길 비즈니스 한국어 |

Business Korean

경제 변화와 혁신

듣고 말하기	자료 조사 부탁하기
읽고 쓰기	혁신적인 아이디어 제품
주제 관련 어휘와 표현	제품 개발
문법과 표현	–아/어야, –(으)ㄹ지도 모르다

듣고 말하기

다음 질문에 대해 이야기해 봅시다.

1. 최근 개발된 제품이나 기술에는 어떠한 것이 있습니까?

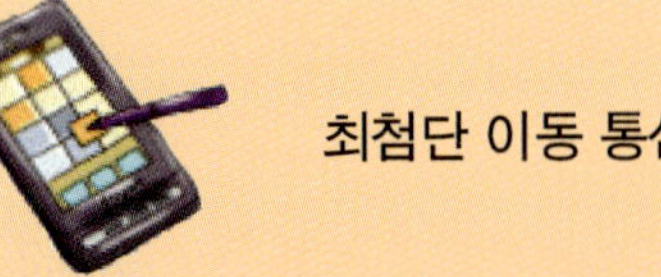
최첨단 이동 통신

전기자동차

온라인 쇼핑

로봇 청소기

2. 혁신적인 제품이나 기술은 우리 경제의 변화를 어떻게 반영하고 있는지 이야기해 봅시다.

3. 여러분이 관심을 가지고 있는 회사가 최근 경제 변화에 따라 변화할 부분이 있는지 이야기해 봅시다.

김영희는 마이크 김 대리와 함께 다음 달 있을 회의 준비에 대해 이야기 하고 있습니다. 다음을 듣고 질문에 대해 이야기해 봅시다.

Track 18

1. 다음 달 한국자동차와의 회의 주제는 무엇입니까?

2. 김영희는 무엇에 대해 조사해야 합니까?

- 여러분은 부하 직원에게 회의에 필요한 자료 조사를 부탁하려고 합니다. 시장 동향과 경제 변화에 대해 조사를 지시해 봅시다.

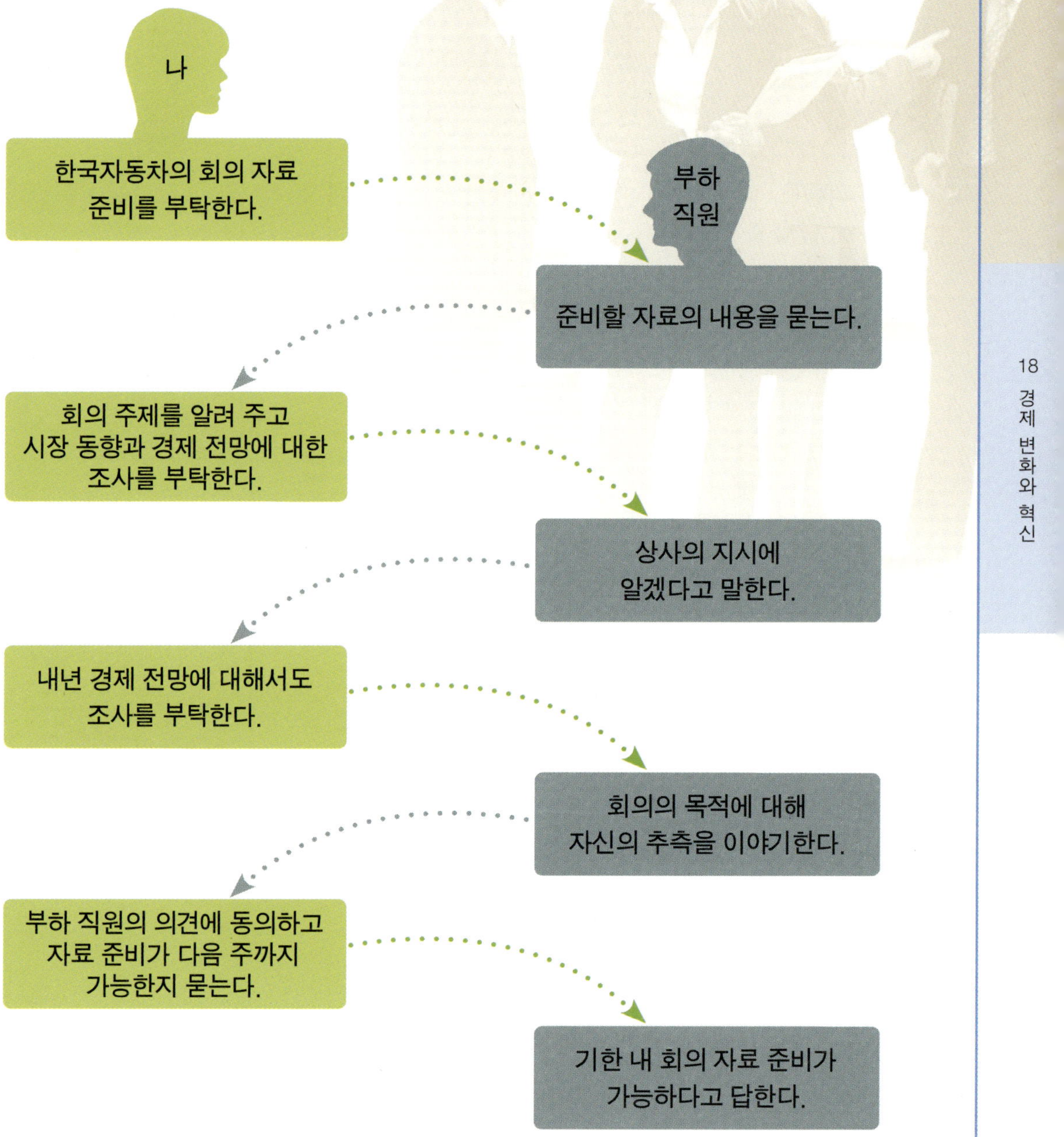

나

한국자동차의 회의 자료 준비를 부탁한다.

부하 직원

준비할 자료의 내용을 묻는다.

회의 주제를 알려 주고 시장 동향과 경제 전망에 대한 조사를 부탁한다.

상사의 지시에 알겠다고 말한다.

내년 경제 전망에 대해서도 조사를 부탁한다.

회의의 목적에 대해 자신의 추측을 이야기한다.

부하 직원의 의견에 동의하고 자료 준비가 다음 주까지 가능한지 묻는다.

기한 내 회의 자료 준비가 가능하다고 답한다.

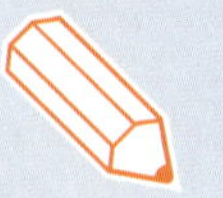

읽고 쓰기

다음 질문에 대해 이야기해 봅시다.

1. 현재 우리 생활에서 가장 중요한 기술이나 제품은 무엇이라고 생각합니까?

2. 미래에 우리 생활에는 어떤 신기술이나 신제품이 필요하다고 생각합니까?

다음은 '미래를 바꿔 놓을 10대 혁신 제품' 가운데 몇 가지입니다. 다음을 읽고 물음에 답해 봅시다.

컴퓨터 운행 자동차입니다. 단순히 라디오를 자동으로 켜거나 실내 불을 켜는 수준이 아니라 아예 컴퓨터가 인간을 대신해서 운전합니다. 음주운전, 졸음운전 사고예방은 물론, 나이가 많거나 몸이 불편한 분들이 운전하는 데도 큰 도움이 될 것입니다.

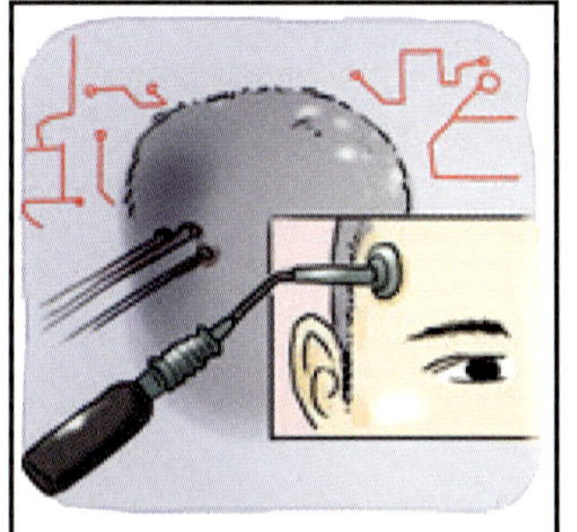

현재 자동차에 비해 무척 가벼운 자동차가 개발되고 있습니다. 현재 테니스채나 골프채를 만드는 데 쓰이는 재료로 차를 만들어서 무게를 반으로 줄인다고 합니다. 연료비 절약에도 도움이 되고 교통사고가 나더라도 운전자를 보호할 수도 있습니다.

다음은 기억 칩(chip)입니다. 뇌 기능을 대신할 칩이 개발돼 뇌가 손상되거나 뇌에 관련된 질병을 앓는 환자들에게 도움을 줄 것입니다. 질병 치료 이외에도 외국어나 어려운 수학, 비행기 조종법 등을 손쉽게 배울 수 있게 됩니다.

1. 위 글에 제시된 혁신적인 제품 세 가지는 무엇입니까?

2. 각 혁신 제품은 우리 경제나 생활의 변화와 어떤 관계가 있습니까?

- 앞의 글을 참고하여 현재 경제 변화에 대응하여 여러분 회사에 필요한 혁신적인 제품이나 아이디어에 대해서 간단히 써 봅시다.

제품 또는 아이디어의 제목
제품이나 아이디어의 장점

주제 관련 어휘와 표현

◦ 제시된 어휘와 표현을 사용하여 다음 문장을 완성해 봅시다.

고효율	친환경	유가 상승	첨단 기술
생활 로봇	인력 대체	대체 에너지	

1. 최근 화석 에너지를 대신할 ____________ 개발이 활발하다.
2. 바쁜 현대인들을 위해 집안일을 대신해 줄 ____________이/가 발명됐다.
3. ____________ (으)로 전기 자동차에 대한 운전자들의 관심이 높아지고 있다.
4. 환경오염에 대한 걱정 때문에 ____________ 제품 판매가 꾸준히 증가하고 있다.
5. ____________을 이용한 제품이 인기를 끌면서 가전 회사들은 기술 개발에 투자하고 있다.

◦ 제시된 표현을 사용하여 변화의 원인과 경제 변화의 결과를 구분하여 아래 표를 완성해 봅시다. 그리고 이 표현을 사용해 동료와 함께 이야기해 봅시다.

유가가 상승하다	환경오염이 심해지다	~~전자 상거래가 증가하다~~
친환경 제품을 개발하다	자동차 연료를 절약하다	맞벌이 부부가 늘어나다
~~인터넷 사용 인구가 증가하다~~		생활 가전제품 사용이 증가하다

변화의 원인	◦ *인터넷 사용 인구가 증가하다.*
경제 변화의 결과	◦ *전자 상거래가 증가하다.*

문법과 표현

-아/어야

앞선 행위나 상태가 뒤 상황에 반드시 필요함을 나타낼 때 사용한다.

예 회의 자료가 준비되어야 회의를 할 수 있어요.

○ 제시된 어휘와 표현을 사용하여 다음 문장을 완성해 봅시다.

끌다	파악하다	겸손하다	마련하다	마음에 들다

1. 초기 자본을 ________________ 회사를 세울 수 있다.
2. 경제 변화를 잘 ________________ 제품 기획에 성공할 수 있다.
3. 소비자들의 눈길을 ________________ 제품 판매를 높일 수 있다.
4. 광고 기획안은 무엇보다 광고주의 ________________ 광고로 제작될 수 있다.
5. 개인의 능력이 아무리 뛰어나더라도 ________________ 다른 사람들과 잘 지낼 수 있다.

-(으)ㄹ지도 모르다

아직 확인하지 못한 사실에 대해서 추측해서 말할 때 쓴다.

예 미래에는 성격을 바꾸는 기술이 개발될지도 모르겠습니다.

○ 제시된 어휘를 사용하여 다음 문장을 완성해 봅시다.

받아들이다	근무하다	필요하다	승진하다	틀렸다

1. 다시 한번 계산해 보세요. 지금까지 한 계산이 ________________.
2. 네 업무 실적이 제일 좋으니 이번 인사에서 네가 ________________.
3. 김 대리가 지금도 회사에서 ________________ 한번 사무실로 전화해 보세요.
4. 사업을 하다 보면 자금이 갑자기 ________________ 적은 돈이라도 잘 모아 두세요.
5. 이 대리가 하는 말은 부장님이 ________________ 이 대리가 한 번만 이야기해 주세요.

| 성공의 지름길 비즈니스 한국어 |

Business Korean

19

직장 윤리와 문화

듣고 말하기	직장 문화에 대해 묻기
읽고 쓰기	윤리 경영 Q&A
주제 관련 어휘와 표현	윤리
문법과 표현	-(으)ㄴ/는 데다가, -곤 하다

듣고 말하기

다음 질문에 대해 이야기해 봅시다.

1. 여러분이 흥미롭게 느꼈던 한국의 직장 문화에는 어떤 것이 있습니까?

축의금 문화

야근 문화

회식 문화

사내 연애

2. 한국에서 직장 생활을 하면서 경험한 문화 차이나 어려움에는 어떤 것이 있습니까?

3. 여러분은 직장 생활을 하면서 경험한 문화적 차이나 어려움을 어떻게 해결했습니까?

필립은 직장 선배 박민서와 자신의 결혼식 때 받은 축의금에 대해 이야기하고 있습니다. 다음을 듣고 질문에 대해 이야기해 봅시다.

Track 19

1. 필립은 동료와 무엇에 대해 상의합니까?

2. 박민서가 필립에게 조언한 내용은 무엇입니까? 왜 그렇게 조언했습니까?

- 회사나 거래처와의 관계에서 판단하기 어려운 상황이 일어났습니다. 동료에게 이 상황에 대해서 이야기하고 조언을 구해 봅시다.

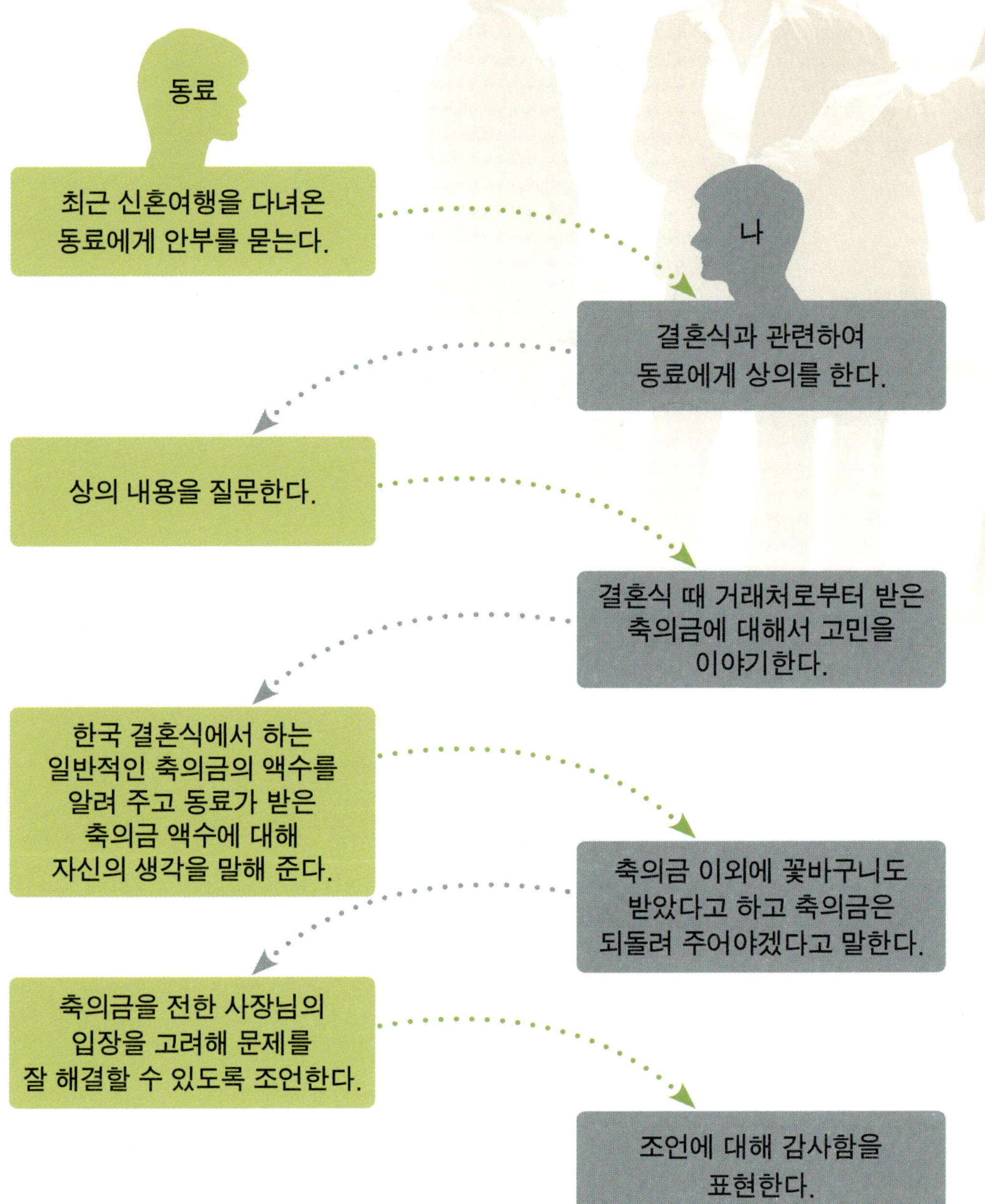

읽고 쓰기

다음 질문에 대해 이야기해 봅시다.

1. 여러분은 회사에서 업무 시간에 피곤해지면 어떻게 합니까?

2. 회사에서 업무 시간이나 회사 물품을 잘못 사용하는 경우에 대해서 이야기해 봅시다.

다음은 대한상공회의소에서 만든 '윤리경영 100문 100답' 가운데 일부입니다. 다음을 읽고 물음에 답해 봅시다.

77 업무시간 중 인터넷 게임

Q 업무를 하다 보면 가끔 업무에 집중이 안 되고 나른해지는 시간이 있다. 나윤리 사원은 잠을 깨기 위해 커피를 마시기도 하지만 종종 스트레스를 해소하는 차원에서 인터넷으로 간단한 게임을 하기도 한다. 옆 자리에 앉은 동료도 회사 업무를 처리하다가 간간이 시간이 나면 개인적인 메일을 확인하거나 주식투자를 하곤 한다. 업무에 지장을 주지 않을 정도로 가끔씩 하는 이런 행동들도 문제가 되는 것인지 궁금하다.

A 그런 상황을 충분히 이해할 수 있다. 그러나 컴퓨터 및 업무 시간은 모두 회사의 재산이다. 따라서 업무 시간 중에 회사의 컴퓨터를 통해 게임을 하는 것은 잘못된 행동이다. 또한 그런 행동은 사무실의 업무 분위기를 해치는 것이기도 하다. 게임뿐만 아니라 인터넷 쇼핑을 한다거나 주식 투자를 하는 일도 모두 마찬가지이다.

1. 위 글에서 업무 시간에 문제가 될 수 있는 행동들에는 어떤 것들이 있습니까?

2. 회사 업무 시간에 하는 문제 행동에 대해서 답변자는 어떻게 생각하고 있습니까?

- 앞의 글처럼 회사 내에서 여러분이 이해하기 어려웠던 직장 문화나 직장 윤리 문제에 대해 답변을 작성해 봅시다.

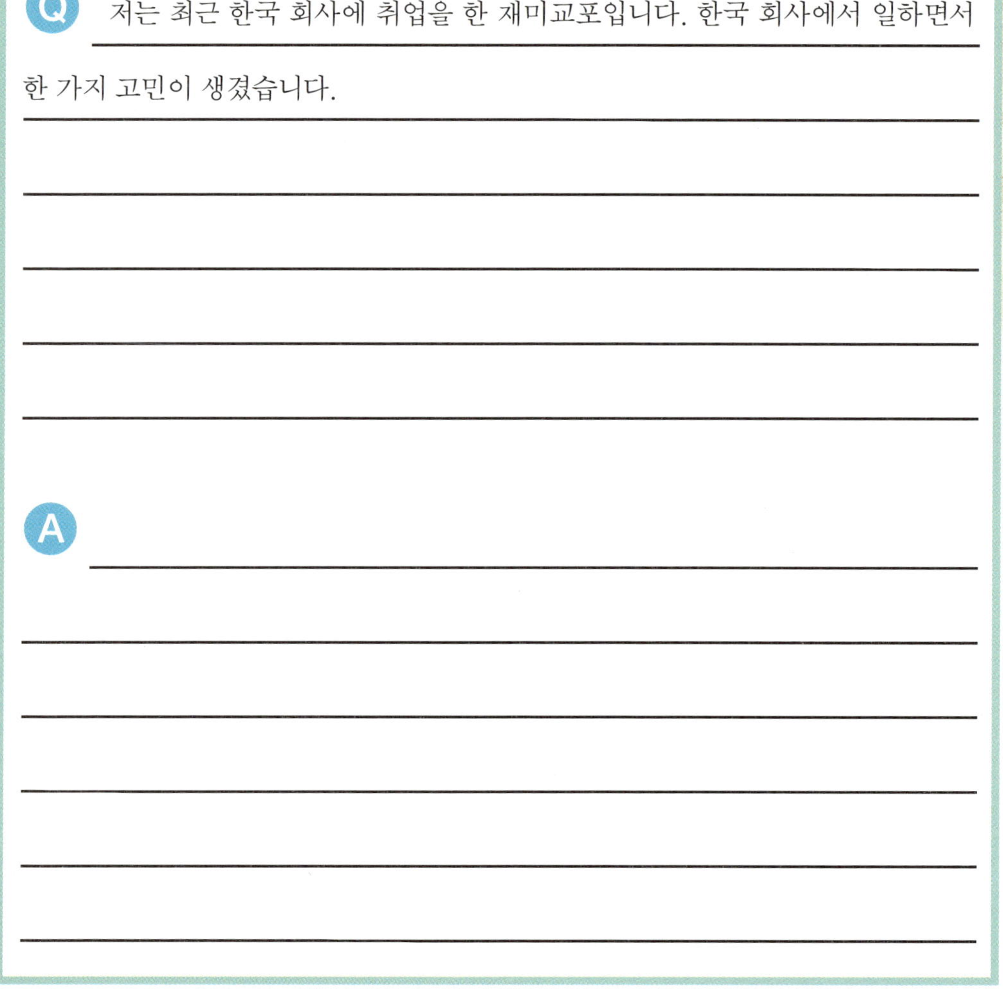

Q 저는 최근 한국 회사에 취업을 한 재미교포입니다. 한국 회사에서 일하면서 한 가지 고민이 생겼습니다.

A

주제 관련 어휘와 표현

제시된 어휘를 사용하여 다음 문장을 완성해 봅시다.

불법	야근	오해	불공정하다
위반하다	사양하다	유출시키다	

1. 김 부장은 회사 규칙을 크게 ____________ 해고당했다.
2. 김 대리는 회사 내부 정보를 ____________ 다른 회사에 팔았다.
3. 성별이나 종교를 이유로 직원들을 승진시키지 않는 것은 ____________ 본다.
4. 부장님께 ____________을/를 받을 것 같아서 그 사건에 대해서 아무 말도 하지 않았다.
5. 나중에 문제가 될 것 같아서 고객이 보낸 백화점 상품권을 받지 않고 ____________ 했다.

제시된 표현을 참고하여 아래와 같은 상황을 설명하는 표를 완성해 봅시다. 그리고 이 표현들을 사용해 각 상황에서 어떻게 대처할 것인지 동료와 이야기해 봅시다.

비능률적이다	정중하게 거절하다	공과 사를 구분하다
~~직업 윤리에 어긋나다~~	~~상사의 눈치가 보이다~~	집단 문화에 영향을 받다
업무 시간에 집중하지 않는다		

일찍 퇴근하고 싶지만 다른 직원들은 매일 야근을 하는 경우	◦ *상사의 눈치가 보인다.*
친한 친구가 회사 정보를 알려 달라고 하는 경우	◦ *직업 윤리에 어긋난다.*

문법과 표현

-(으)ㄴ/는 데다가

이미 일어난 사실이나 상황에 더해서 다른 사실이나 상황이 있음을 이야기할 때 사용한다.

예 그 회사는 연봉이 높은 데다가 근무 환경도 좋다.

● 제시된 어휘와 표현을 사용하여 다음 문장을 완성해 봅시다.

쾌적하다	우수하다	야근하다	경기가 좋다	늘어나고 있다

1. 일이 너무 많아서 매일 ________________ 주말에도 출근한다.
2. 김 대리는 업무 성과도 ________________ 기획 능력도 훌륭하다.
3. 요즘 ________________ 한국 제품에 대한 평가도 좋아서 한국 상품의 수출이 크게 늘고 있다.
4. 해운대는 생활환경이 ________________ 각종 편의 시설을 잘 갖추고 있어 외국인들에게 인기가 많다.
5. 기존 제품의 해외 수출이 꾸준히 ________________ 신제품 개발도 잘 진행돼서 내년도 우리 회사의 전망은 밝습니다.

-곤 하다

어떤 동작이나 상황의 반복을 나타낼 때 사용한다.

예 스트레스를 풀기 위해서 가끔 인터넷 게임을 하곤 한다.

● 제시된 어휘와 표현을 사용하여 다음 문장을 완성해 봅시다.

나눠 주다	추천하다	야단맞다	날을 새다	시간을 보내다

1. 대학 다닐 때 이 카페에서 친구들과 ________________.
2. 김 대리는 회의 시간에 종종 늦어서 부장님께 자주 ________________.
3. 영미 씨는 요즘도 보고서 마감이나 회의 준비를 위해서 ________________.
4. 명절이 되면 김 부장은 부하 직원들에게 작은 선물을 직접 ________________.
5. 김 부장은 승진 기회가 있을 때마다 훌륭한 사원을 인사팀에 ________________.

Business Korean

20

승진

듣고 말하기	승진 후 포부 묻기
읽고 쓰기	좋은 업무, 태도, 경쟁력
주제 관련 어휘와 표현	지도력
문법과 표현	–에 비해, –(으)ㄴ/는 만큼

듣고 말하기

○ 다음 질문에 대해 이야기해 봅시다.

1. 여러분의 현재 상사나 과거에 함께 일했던 상사의 리더십에 대해서 이야기해 봅시다.

권위적인 리더십

협력의 리더십

부정적인 리더십

소통의 리더십

2. 여러분은 승진을 위해 어떤 리더십을 가지고 있어야 한다고 생각합니까?

3. 성공적인 회사 생활과 승진을 위해서 어떤 자질을 갖추어야 할지 이야기해 봅시다.

○ 최근 승진한 캐런 핑과 최철수 부장과의 대화입니다. 다음을 듣고 질문에 대해 이야기해 봅시다.

Track 20

1. 부장님과 캐런 핑은 무엇에 대해서 이야기하고 있습니까?

2. 캐런 핑은 왜 팀원들과 북한산에 가려고 합니까?

여러분은 최근 승진을 했습니다. 축하해 주는 상사로부터 여러분이 이끌 팀에 대한 이야기를 듣고 여러분이 가지고 있는 리더십에 대해서 이야기해 봅시다.

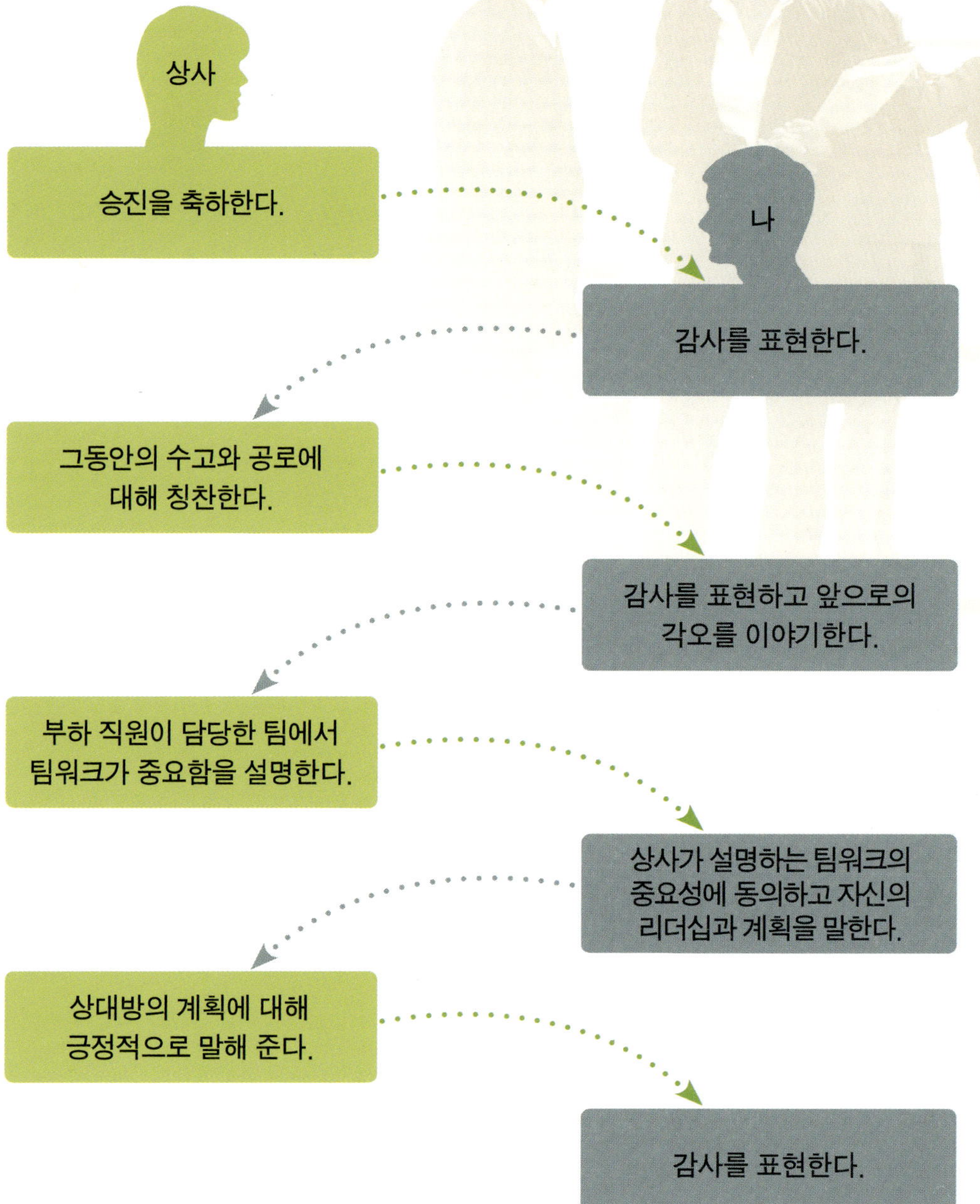

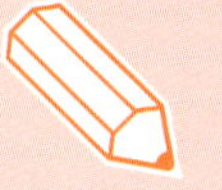

읽고 쓰기

다음 질문에 대해 이야기해 봅시다.

1. 평소 자신의 업무 태도를 어떻게 생각합니까?

2. 훌륭한 리더가 되기 위해서 어떤 업무 태도를 가져야 할지 이야기해 봅시다.

다음은 좋은 업무 태도에 대한 내용입니다. 다음을 읽고 물음에 답해 봅시다.

1. 기본에 충실하십시오.
2. 우직하게 실천하십시오.
3. 타인의 장점을 훔치십시오
4. 패기와 집중력을 익히십시오.
5. 상황을 간파하는 문제의식을 가지십시오.
6. 회사와 조직에 꼭 필요한 사람이 되십시오.
7. 같은 실수를 반복하지 마십시오.
8. 어떤 경우라도 변명하지 마십시오.
9. 남이 기피하는 일을 솔선해서 하십시오.
10. 일에 대한 자존심을 지키십시오.
11. 일의 과정과 성과를 즐기십시오.
12. 스스로 좋은 환경을 조성하십시오.
13. 어떤 경우라도 싫은 내색은 하지 마십시오.
14. 무능한 상사도 발전의 원동력으로 삼으십시오.
15. 빠르고 활기찬 걸음걸이를 유지하십시오.

[출처] 하마구치 나오타(2007), 승진의 기술, 21세기북스.(목차부분)

1. 회사 내에서는 몸가짐이나 얼굴 표정을 어떻게 해야 한다고 말합니까?

2. 위 글에서 제안한 내용 중 여러분이 공감하는 내용은 무엇입니까?

- 앞의 글을 참고하여 직장에서 자신의 경쟁력을 높일 수 있는 방법을 써 봅시다.

주제 관련 어휘와 표현

- 제시된 어휘와 표현을 사용하여 다음 문장을 완성해 봅시다.

공로	집중력	통솔력	판단력
추진력	임금 인상	업무 태도	

1. 옆 사무실에서 나는 소음 때문에 ________________이/가 떨어진다.
2. 회사는 사원들을 격려하기 위해 ________________을/를 결정했습니다.
3. 리더는 상황 이해와 결정을 위해 뛰어난 ________________을/를 가져야 한다.
4. 일은 부하 직원이 다 하고 상사에게 모든 ________________이/가 돌려지는 예가 종종 있다.
5. 일을 할 때는 꼼꼼한 사전 조사도 중요하지만 맡은 일을 진행시키는 ____________ ________ 또한 필요하다.

- 제시된 표현을 참고해서 승진을 위해 갖추어야 할 것들을 골라 아래 표를 완성해 봅시다. 그리고 이 표현들을 사용해 승진을 위해 필요한 점들에 대해 동료와 이야기해 봅시다.

추진력이 있다	~~팀워크가 좋다~~	아이디어가 많다
기획 능력이 있다	~~상황 판단이 빠르다~~	관계 형성을 잘하다
위기 대처 능력이 좋다	부하 직원의 장·단점을 파악하다	

	나	친구
승진을 위해 갖추어야 할 것	◦ *상황 판단이 빠르다.*	◦ *팀워크가 좋다.*

문법과 표현

-에 비해

비교의 대상을 나타낼 때 사용한다.

예 우리 부서는 다른 부서에 비해 공동 업무가 많다.

● 제시된 어휘를 사용하여 다음 문장을 완성해 봅시다.

원료	지식	나이	제품	동기

1. 해외 여행객이 작년 ________________ 약 45% 증가했다.
2. 영희는 가지고 있는 ________________ 전달력이 떨어진다.
3. 일반적으로 수입화장품은 ________________ 가격이 높게 책정되어 있다.
4. 그 사람은 사회생활을 일찍 시작해서 ________________ 경험이 풍부하다.
5. 새로 출시된 컴퓨터는 기존 ________________ 속도와 성능이 모두 우수하다.

-(으)ㄴ/는 만큼

뒤 내용의 원인이나 근거가 됨을 나타낼 때 사용한다.

예 우리 부서는 공동 업무가 많은 만큼 팀워크가 중요합니다.

● 제시된 어휘를 사용하여 다음 문장을 완성해 봅시다.

고려되다	힘들다	줄어들다	부르다	불만족스럽다

1. 요즘 국가 경제가 ________________ 불필요한 해외여행은 자제해야 한다.
2. 현대사회를 정보화사회라고 ________________ 직장에서 컴퓨터 지식은 기본이다.
3. 이번 협상 결과가 ________________ 다음 번 협상에서는 꼭 목표를 얻어냅시다.
4. 미국 수출이 크게 ________________ 한국은 이제 수출 대상 국가를 다양화해야 한다.
5. 이번 인사에서는 업무 능력뿐만 아니라 리더십이 중요하게 ________________ 팀워크에 신경을 써야 한다.

| 성공의 지름길 비즈니스 한국어 |

Business Korean

듣기 지문 / 정답

듣기 지문

1과 직업과 적성

김영수 : 필립, 오랜만이네요. 잘 지내죠?
필　립 : 선배님도 잘 지내시죠? 전 요즘 취직할 회사를 알아보고 있어요. 그래서 정신이 없어요.
김영수 : 그래요? 어떤 회사에 관심이 있어요?
필　립 : 저는 가전제품 회사나 자동차 회사가 적성에 맞아요.
김영수 : 필립은 꼼꼼하고 기계를 좋아하니까 그런 일들이 잘 맞겠어요.
필　립 : 네. 제 전공하고도 잘 맞아요. 그래서 지원해 보려고요.
김영수 : 필립은 한국어도 잘하죠? 그러면 LG나 삼성에 지원해도 좋을 것 같은데요.
필　립 : 네. 저도 한국 회사에 꼭 취직했으면 좋겠어요.

2과 취직 준비

정수연 : 필립 씨, 취직 준비는 잘 되고 있어요?
필　립 : 네. 요즘 이력서와 자기소개서를 쓰고 있어요. 수연 씨는 어때요?
정수연 : 다음 주에 원서를 접수해야 해요. 그래서 이번 주에 이력서 써 놓으려고 해요.
필　립 : 그런데 수연 씨는 이력서에 쓸 경력이 많아요? 나는 너무 없어서 걱정이에요.
정수연 : 학교 다닐 때 아르바이트 안 했어요?
필　립 : 아르바이트도 경력이 되는 거예요?
정수연 : 그럼요. 일과 관련된 아르바이트는 다 경력이 되는 거예요.
필　립 : 그래요? 그럼 나도 가전제품 대리점에서 아르바이트한 것도 다 써야겠어요.

3과 시간 관리

필　립 : 민서 씨, 민서 씨는 보통 퇴근 후에 뭐 해요?
박민서 : 영어 학원에도 가고 가끔은 친구도 만나요. 필립 씨는요?
필　립 : 전 회사에서 일하고 나면 피곤해서 퇴근 후에는 아무것도 못 하겠어요.
박민서 : 아직 회사 생활이 익숙하지 않아서 그럴 거예요.
필　립 : 한국에 있는 동안 하고 싶은 것도 많은데 시간이 아까워요.
박민서 : 필립 씨 취미가 태권도라고 했죠?
필　립 : 네. 태권도는 정말 재미있어요.
박민서 : 그럼, 태권도를 더 배워보는 건 어때요?
필　립 : 아! 그거 정말 좋은 생각이네요. 그렇게 하면 스트레스도 풀릴 것 같아요.
박민서 : 회사 앞에 태권도장이 있어요. 퇴근 후에 한번 가 보세요.

4과 사내 동호회

안드레아스 : 저는 한국에 온 지 한 달밖에 안 돼서 아는 한국 사람들이 많지 않습니다.
박 동 하 : 그러시겠군요. 혹시 좋아하는 스포츠 있으세요?
안드레아스 : 독일에 있을 때부터 회사 동료들과 함께 등산을 했습니다.
박 동 하 : 아, 마침 잘됐군요. 우리 회사에 등산을 좋아하는 사람들 동호회가 있는데 함께 하시겠어요? 제가 회원이거든요.
안드레아스 : 그래요? 소개해 주시면 저도 좋지요. 언제 산에 갑니까?
박 동 하 : 우리는 매주 토요일 아침에 갑니다. 시간이 되면 토요일에 제가 모시러 갈까요?
안드레아스 : 알겠습니다. 아침에 일찍 일어나서 준비하고 기다리겠습니다.
박 동 하 : 오전 9시까지 모시러 가겠습니다.

5과 회사의 조직과 업무

박민서 : 필립 씨, 입사한 후 무엇이 제일 힘들어요?
필 립 : 사람들을 뭐라고 불러야 할지 모르겠어요. 대리님, 과장님, 부장님……. 너무 복잡해요.
박민서 : 그래요? 직급에 따라 부르면 되는데 직급이 많아서 어렵죠?
필 립 : 네. 실수할까 봐 말도 못하겠어요. 간단하게 설명해 줄래요?
박민서 : 먼저 일반 사원이 있고, 승진하면 대리예요. 필립 씨도 다음에는 대리가 되는 거죠.
필 립 : 아~ 네. 그다음은요?
박민서 : 대리 위는 과장, 그 위는 차장, 그다음이 부장이에요. 그 위로는 이사, 사장 등이 있는데 회사마다 조금씩 달라요.
필 립 : 그렇게 많아요? 전 부장님까지만 우선 외워야겠어요.

6과 일의 순서

토모코 : 선배님, 요즘 해야 할 일들이 너무 많아요. 뭐부터 해야 하죠? 결정하기가 어려워요.
강미정 : 토모코 씨가 생각하기에 급한 일, 중요한 일 먼저 하면 될 것 같은데요.
토모코 : 음~ 제가 해야 할 일들을 한번 들어보세요. 오늘 중에 다음 달 여행객들의 중국 비자를 신청해야 해요. 그리고 다음 주 출발하는 여행팀 호텔과 식당 예약도 확인해야 하고, 비행기 표 가격을 조사한 후 고객님께 이메일을 써야 해요. 선배님이라면 무엇을 먼저 하시겠어요?
강미정 : 음~ 비자는 나오는 데 시간이 걸리니까 우선 비자를 먼저 신청하세요. 그리고 고객님께 비행기 표 가격을 알려주세요. 궁금해 하실 거예요. 그다음에 호텔과 식당은 예약 확인만 하는 것이니까 마지막에 하면 좋지 않을까요?
토모코 : 네. 그게 좋겠어요. 고마워요, 선배님.
강미정 : 앞으로 회사 생활을 좀 더 하면 결정이 쉬워질 거예요.

7과 온라인 업무

이정현 : 토모코 씨, 우리 회사도 전자 결재 방식으로 바꾸면 어떨까요?
토모코 : 업무 처리가 빨라져서 좋을 것 같아요. 자리를 비워도 외부에서 접속하면 언제든지 결재할 수도 있어요.
이정현 : 그럼 화상 회의도 가능해요?
토모코 : 물론이죠. 상대방과 카메라나 마이크로 의견을 나눌 수 있어요.
이정현 : 그렇군요. 그런데 혹시 불편한 건 없을까요?
토모코 : 회사 전산 시스템이 불안정하면 업무 처리가 아무래도 느려진다는 점이죠.
이정현 : 장단점을 더 자세히 알아보고 회의에 건의를 해야겠군요.
토모코 : 네. 그렇게 하는 게 좋겠어요.

8과 대인 관계

토모코 : 미정 씨, 그쪽 팀에서 오신 김 과장님 알죠? 그 과장님이 저를 안 좋게 보시는 것 같아요.
강미정 : 무슨 일 있었어요?
토모코 : 지난번에 회의 때 야단을 맞았어요.
강미정 : 원래 일을 철저하게 하셔서 그래요. 토모코 씨한테만 그러시는 게 아니라 그게 그분의 업무 방식이에요.
토모코 : 그래요? 만약 그렇다면 다행이고요.
강미정 : 그리고 처음이라서 더 챙기실 테니까 토모코 씨도 빈틈없이 해 보세요.
토모코 : 네. 그렇게 해야겠어요.
강미정 : 잘할 수 있을 테니까 걱정 마세요. 힘내세요. 토모코 씨.

9과 전화 업무

캐런 핑 : 서울광고 기획부 캐런입니다.
마이크 김 : 안녕하세요. 이화컨설팅의 마이크라고 합니다. 강미영 팀장님 계십니까?
캐런 핑 : 지금 외근 중이십니다. 실례지만 무슨 일이십니까?
마이크 김 : 지난번에 주신 광고 시안에 대해 논의하다가 여쭤볼 게 있어서 전화 드렸습니다. 팀장님은 언제쯤 돌아오십니까?
캐런 핑 : 4시쯤 돌아오실 겁니다. 팀장님께 메모를 전해 드릴까요?
마이크 김 : 네. 그렇게 해 주세요. 저는 이화컨설팅의 마이크이고 전화번호는 783-9967입니다. 오늘 중으로 전화 부탁드린다고 전해 주세요.
캐런 핑 : 네. 알겠습니다. 그렇게 전해 드리겠습니다.
마이크 김 : 네. 꼭 좀 부탁드립니다. 감사합니다.

10과 출장

비　　서 : 지사장님, 홍콩의 지점장님 비서한테서 연락이 왔습니다. 지점장님이 급한 일로 오늘 독일 본사로 출장 가셨다고 합니다.

안드레아스 : 그래요? 그럼, 우리 홍콩 출장 일정을 조정해야겠군요. 언제 돌아온다고 합니까?

비　　서 : 다음 주라고 합니다. 그래서 회의 날짜를 10월 마지막 주로 연기하는 게 어떠냐고 하는데요.

안드레아스 : 10월 마지막 주? 좋아요.

비　　서 : 네. 알겠습니다.

안드레아스 : 그런데 그때로 비행기 표와 숙소 예약 변경이 가능한가요?

비　　서 : 여행사에 문의해 보고 나서 다시 말씀 드리겠습니다.

안드레아스 : 네. 그렇게 하세요.

11과 월급과 재테크

안드레아스 : 한국 사람들은 월급을 주로 어디에 사용합니까?

박 동 하 : 자녀가 많은 가정은 교육에, 결혼을 준비하거나 결혼한 지 얼마 안 된 사람은 집 장만을 하는 데 돈이 많이 듭니다.

안드레아스 : 집을 사려면 돈이 많이 들 텐데요?

박 동 하 : 그래서 여러 가지 재테크 방법을 연구하는 사람이 많습니다.

안드레아스 : 한국인이 선호하는 재테크 방법에는 어떤 것이 있습니까?

박 동 하 : 예전에는 저축을 많이 하였는데 요새는 주식에 투자하는 사람이 많습니다.

안드레아스 : 박동하 씨도 주식에 많이 투자했나요?

박 동 하 : 저는 겁이 많아서 주로 저축을 합니다.

12과 업무 스트레스

박민서 : 요즘 어때요? 잘 지내지요?

필　립 : 일이 너무 많아서 매일 야근이에요. 스트레스가 쌓여 죽겠어요.

박민서 : 그렇게 과로하면 건강을 해쳐서 안 돼요. 운동도 하고 휴식도 취해야 돼요.

필　립 : 알아요. 그렇지 않아도 의사가 나한테 하루에 적어도 30분씩 걸으라고 했어요.

박민서 : 그래요. 걷기도 건강에 좋지요. 그래서 시작했어요?

필　립 : 퇴근하면 너무 피곤해서 그동안 못했어요. 수잔이 같이 하자고 해서 오늘부터 시작해 볼 생각이에요.

박민서 : 좋은 생각이네요. 그럼 기분도 한결 좋아질 거예요.

필　립 : 걱정해 줘서 고마워요.

13과 휴가

안드레아스 : 이번 휴가는 어떻게 보내실 생각인가요?
박 동 하 : 가족들과 함께 기차 여행을 다녀올까 합니다.
안드레아스 : 그럼 목적지는 어디로 정했나요?
박 동 하 : 여러 곳을 돌아다닐 생각입니다. 우선 바닷가도 가고 산에도 갈 생각입니다.
안드레아스 : 기차 여행을 할 때는 어떤 준비가 필요할까요?
박 동 하 : 차를 가지고 가는 것이 아니기 때문에 이동하기 편리하게 짐을 줄이는 것이 가장 중요하다고 생각합니다.
안드레아스 : 그럼 잠은 어디에서 잘 생각입니까?
박 동 하 : 이번에는 호텔을 예약하지 않고 민박을 할까 생각 중입니다.

14과 발표와 협상

마이크 김 : 지난번 발표 잘 들었습니다. 준비를 많이 했더군요.
김 영 희 : 감사합니다. 준비한 만큼 모두 보여 드리지 못한 것 같아 죄송합니다.
마이크 김 : 하긴 조금 긴장하는 것 같더군요. 발표를 할 때 특히 어떤 점을 유의해야 한다고 생각합니까?
김 영 희 : 가장 중요하게 생각하는 것은 청중들을 제대로 분석해야 한다는 점입니다.
마이크 김 : 나도 그렇게 생각합니다. 청중 분석을 통해 발표 준비에서부터 내용 전개, 그리고 마무리까지 모두 영향을 받는다고 할 수 있습니다.
김 영 희 : 다른 사람 앞에서 말할 때 긴장하지 않으려면 어떻게 하는 게 좋을까요?
마이크 김 : 꾸준하게 연습하는 게 가장 중요하다고 생각합니다.
김 영 희 : 네, 알겠습니다. 보다 나은 발표를 할 수 있도록 노력하겠습니다.

15과 홍보

캐런 핑 : 지난번에 제작한 의류 홍보 광고에 대한 반응이 어떤가요?
최 철 수 : 대체로 만족들 하는 것 같아요. 그 회사의 이미지를 잘 나타냈다는 평이에요.
캐런 핑 : 저도 그 점에 중점을 두고 홍보 광고를 제작했어요.
최 철 수 : 다음번에는 회사의 홍보 책자를 제작해 달라고 하던데 자신 있나요?
캐런 핑 : 광고 형식보다 책자 형식이 분량은 훨씬 많지만 여러 가지 사실을 담을 여유가 있어서 오히려 편한 부분도 있다고 생각해요.
최 철 수 : 그래도 전체적으로 보아 통일성이 떨어지면 안 되니 준비를 철저히 하고 일을 시작하기 바랍니다.
캐런 핑 : 네. 최선을 다하겠습니다. 맡겨 주셔서 감사합니다.
최 철 수 : 중간 중간 진행 사항을 보고하기 바랍니다.

16과 무역

캐런 핑 : 민서 씨, 요즘 원화 환율이 많이 올랐어요. 환율 덕분에 민서 씨 회사도 수출이 많이 늘었겠어요.

박민서 : 글쎄요. 한화 가치는 떨어졌지만 제품 수출은 오히려 줄었어요.

캐런 핑 : 아니, 왜요? 환율 변화로 제품 가격이 하락하면 수출은 늘지 않나요?

박민서 : 네. 하지만 지금 전 세계적으로 경제가 좋지 않아서요.

캐런 핑 : 아. 물건 가격이 아무리 싸지더라도 소비자들이 물건을 사지 않기 때문이군요.

박민서 : 맞아요. 하지만 국제 경제가 점점 나아질 거라고 하니까 기대해 봐야지요.

캐런 핑 : 그리고 거래국들과 한국 사이에 자유무역 협상도 진행 중이잖아요.

박민서 : 네. 그렇게만 된다면 곧 우리 회사 수출은 좋아질 거예요.

17과 벤처 기업

마이크 김 : 영희 씨, 한국의 대표적인 벤처 기업에는 어떤 회사들이 있어요?

김영희 : '안철수연구소', '한글'같은 회사들이 대표적이지요.

마이크 김 : 그럼 벤처 기업이라는 건 돈 잘 버는 중소기업 같은 건가요?

김영희 : 벤처 기업은 일반적인 중소기업과 달라요. 기술 혁신과 아이디어를 바탕으로 할 때만 벤처 기업이라고 해요.

마이크 김 : 아, 그래요? 그런데 기술 혁신은 대기업에서 더 잘할 수 있지 않나요?

김영희 : 네. 하지만 대기업은 제품 기획에서 생산까지 시간이 많이 걸린다는 단점이 있어요.

마이크 김 : 그럼 벤처 기업은 새로운 기술과 아이디어를 가지고 빠르게 변화하는 기업이라고 할 수 있군요.

김영희 : 네. 맞아요. 간단히 말하자면 그래요.

18과 경제 변화와 혁신

마이크 김 : 영희 씨, 다음 달에 한국자동차와 중요한 회의가 있는데, 자료 조사를 좀 도와주겠어요?

김영희 : 네. 대리님. 어떤 내용이 필요하세요?

마이크 김 : 새로운 자동차 개발을 위한 회의인데 현재 경제 현황과 시장 분석이 필요해요.

김영희 : 네. 알겠습니다.

마이크 김 : 그리고 내년 경제 전망에 대해서도 알아봐 주세요.

김영희 : 아. 경제 변화에 따라 새로운 자동차 개발의 방향을 결정하려는 것이군요.

마이크 김 : 맞아요. 다음 주까지 준비해 줄 수 있을까요? 다음 주까지는 자료가 준비되어야 회의 때까지 보고서를 만들 수 있을 것 같아요.

김영희 : 네. 해 보겠습니다.

19과 직장 윤리와 문화

박민서 : 필립 씨, 신혼여행은 잘 다녀왔어요?

필 립 : 네. 그런데 민서 씨와 상의할 것이 하나 있어요.

박민서 : 뭔데요?

필 립 : 거래처 사장님이 결혼식 축의금으로 50만 원을 하셨는데 너무 많은 것 같아서요.

박민서 : 그래요? 한국에서 축의금은 보통 5만 원에서 10만 원을 넘지 않는데 좀 많군요.

필 립 : 그뿐만이 아니에요. 축의금 액수도 너무 많은데다가 꽃바구니도 보내셨어요. 아무래도 축의금은 다시 돌려 드려야겠어요.

박민서 : 네. 하지만 기분 나빠할지도 모르니까 잘 말씀드리세요.

필 립 : 네. 그래야겠어요. 고마워요.

20과 승진

최철수 : 핑 차장, 승진을 축하합니다.

캐런 핑 : 감사합니다. 부장님.

최철수 : 그동안 수고가 많았어요. 올해 회사 발전에 핑 차장의 공로가 컸어요.

캐런 핑 : 감사합니다. 앞으로 더 열심히 일하겠습니다.

최철수 : 핑 차장 팀은 다른 팀에 비해 공동업무가 많은 만큼 팀워크가 중요합니다.

캐런 핑 : 네. 그래서 다음 주에는 팀원들과 같이 북한산에 단합대회를 가기로 했습니다.

최철수 : 그거 좋은 생각이네요. 앞으로 핑 차장만 믿겠습니다.

캐런 핑 : 네. 감사합니다.

정답

1과 직업과 적성

주제 관련 어휘와 표현

1. 성격　2. 취업
3. 소질　4. 적성
5. 관심

문법과 표현

1. -(으)ㄹ 것 같다
1) 고우셨을 것 같아요
2) 힘들 것 같아요
3) 없을 것 같아요
4) 맞을 것 같아요
5) 해결할 것 같아요

2. -았/었으면 좋겠다
1) 취직했으면 좋겠어요
2) 따뜻해졌으면 좋겠어요
3) 적극적이었으면 좋겠어요
4) 했으면 좋겠어요
5) 결혼했으면 좋겠어요

2과 취직 준비

주제 관련 어휘와 표현

1. 면허　2. 신입 사원
3. 이력서　4. 자격증
5. 인턴사원

문법과 표현

1. -아/어 놓다
1) 켜 놓습니다
2) 취득해 놓으면
3) 치워 놓습니다
4) 준비해 놓았습니다
5) 써 놓고

2. -(으)ㄹ 때
1) 작성할 때　2) 운전할 때
3) 찍을 때　4) 쌓일 때
5) 살 때

3과 시간 관리

주제 관련 어휘와 표현

1. 시테크　2. 여가
3. 미루지　4. 여유
5. 시간표

문법과 표현

1. -는 동안
1) 스크랩하는 동안　2) 전화하는 동안
3) 일하는 동안　4) 여행하는 동안
5) 기다리는 동안

2. -기 위해서
1) 여행을 가기 위해서
2) 효율적으로 쓰기 위해서
3) 잘하기 위해서
4) 보기 위해서
5) 되기 위해서

4과 사내 동호회

주제 관련 어휘와 표현

1. 가입하기로　2. 가입 신청서
3. 모집하여　4. 취미
5. 결성하고

문법과 표현

1. -아/어서
1) 밀봉해서　2) 기상해서
3) 만나서　4) 다녀와서
5) 제작해서

2. -는데
1) 쏟아지는데　2) 정돈하는데
3) 운반하는데　4) 없는데
5) 가는데

5과 회사의 조직과 업무

주제 관련 어휘와 표현

1. 공장장　　2. 과장
3. 부서　　4. 임직원
5. 대표이사

문법과 표현

1. -(으)ㄹ까 봐
1) 승진하지 못할까 봐
2) 늦을까 봐
3) 맞추지 못할까 봐
4) 올까 봐
5) 완성하지 못할까 봐

2. -(으)ㄹ래요
1) 먹을래요　　2) 알려 줄래요
3) 해 주실래요　　4) 취직할래요
5) 다닐래요

6과 일의 순서

주제 관련 어휘와 표현

1. 자투리 시간　　2. 제시간
3. 중요도　　4. 기한
5. 순서

문법과 표현

1. -기(가) 쉽다/어렵다
1) 관리하기(가) 어려워요
2) 외우기(가) 쉬워요
3) 망치기(가) 쉬워요
4) 처리하기(가) 쉬워요
5) 판단하기(가) 어려워요

2. -(으)니까
1) 고장이 났으니까
2) 오니까
3) 피곤하니까
4) 급하니까
5) 시키니까

7과 온라인 업무

주제 관련 어휘와 표현

1. 팩스 전송　　2. 비밀번호
3. 수신 확인　　4. 인터넷 뱅킹
5. 전자 결재

문법과 표현

1. -(으)ㄹ 수도 있다
1) 싸울 수도 있습니다
2) 연기될 수도 있습니다
3) 날 수도 있습니다
4) 늦을 수도 있으니까
5) 멈출 수도 있습니다

2. -아/어도
1) 불어도　　2) 싫어도
3) 깨끗해도　　4) 많아도
5) 입력해도

8과 대인 관계

주제 관련 어휘와 표현

1. 사교성　　2. 아부
3. 인맥　　4. 수줍음
5. 처세술

문법과 표현

1. -(으)ㄴ 게 아니라
1) 싫은 게 아니라
2) 실수하는 게 아니라
3) 야근하는 게 아니라
4) 파는 게 아니라
5) 승진한 게 아니라

2. -(으)ㄹ 테니까
1) 줄 테니까
2) 추울 테니까
3) 바쁘실 테니까
4) 방문할 테니까
5) 마무리할 테니까

9과 전화 업무

● **주제 관련 어휘와 표현**

1. 배송 확인　　2. 전화 상담
3. 화상 회의　　4. 전화 폭주
5. 예약 통화

● **문법과 표현**

1. -ㄴ/는다고 하다
1) 도착한다고 했습니다
2) 돌아오신다고 했습니다
3) 참석했다고 했습니다
4) 연다고 했습니다
5) 걷는다고 했습니다

2. -다가
1) 뛰어가다가　　2) 일하다가
3) 듣다가　　4) 입다가
5) 쓰다가

10과 출장

● **주제 관련 어휘와 표현**

1. 출장 보고서　　2. 출장 일정표
3. 일비　　4. 출장지
5. 장기 출장

● **문법과 표현**

1. -고 나서
1) 그만두고 나서　　2) 이사하고 나서
3) 꾸짖고 나서　　4) 맡고 나서
5) 바꾸고 나서

2. -냐고 묻다
1) 가느냐고 물었어요
2) 필요하냐고 물었어요
3) 졸업했냐고 물었어요
4) 보냈냐고 물었어요
5) 되고 싶냐고 물으면

11과 월급과 재테크

● **주제 관련 어휘와 표현**

1. 지출　　2. 저축한
3. 주식　　4. 투자하는
5. 수입

● **문법과 표현**

1. -(으)ㄴ/는 편이다
1) 후덥지근한 편이다
2) 붐비는 편이다
3) 더 많은 편이다
4) 잘하는 편이다
5) 우수한 편이다

2. -는 대로
1) 받는 대로　　2) 밝는 대로
3) 입사하는 대로　　4) 수리하는 대로
5) 투자하는 대로

12과 업무 스트레스

● **주제 관련 어휘와 표현**

1. 고용 문제　　2. 업무 파악
3. 의견 대립　　4. 실직 상태
5. 승진 시험

● **문법과 표현**

1. -자고 하다
1) 등산가지 말자고 했다
2) 지내자고 했다
3) 준비하자고 했지만/했는데
4) 묵자고 했지만/했는데
5) 기다리자고 해서

2. -(으)라고 하다
1) 끝내라고 했다
2) 작업하라고 했다
3) 챙기라고 하는
4) 가져가라고 했다
5) 되라고 했다

13과 휴가

● 주제 관련 어휘와 표현

1. 예약하지 2. 휴가를 떠나서
3. 독서 4. 짐을 싸기
5. 머무르지

문법과 표현

1. -(으)면서
1) 갈아입히면서 2) 소리치면서
3) 운전하면서 4) 돌아다니면서
5) 메모하면서

2. -도록
1) 여행할 수 있도록
2) 들어오지 못하도록
3) 공평하게 이루어지도록
4) 새도록
5) 주무시도록

14과 발표와 협상

● 주제 관련 어휘와 표현

1. 발표자 2. 발표를 맡아
3. 준비한 4. 협상가
5. 설득하기

문법과 표현

1. -ㄴ/는다면
1) 힘들어한다면 2) 거절한다면
3) 간다면 4) 위로한다면
5) 개방한다면

2. -(으)려고 해도
1) 되돌아가려고 해도
2) 구매하려고 해도
3) 따라잡으려고 해도
4) 모집하려고 해도
5) 달성하려고 해도

15과 홍보

● 주제 관련 어휘와 표현

1. 광고 2. 홍보하기
3. 제작한 4. 이미지
5. 매체

● 문법과 표현

1. -기 바랍니다
1) 복습하기 바랍니다
2) 입장하기 바랍니다
3) 제출하기 바랍니다
4) 서두르기 바랍니다
5) 발휘하기 바랍니다

2. -기는 하지만
1) 애매하기는 하지만
2) 고치기는 하지만
3) 서먹하기는 하지만
4) 적극적이기는 하지만
5) 불안하기는 하지만

16과 무역

● 주제 관련 어휘와 표현

1. 환율 변화 2. 관세
3. 국제 경제 4. 보호무역
5. 자유무역

● 문법과 표현

1. -더라도
1) 생기더라도 2) 바쁘더라도
3) 피곤하더라도 4) 하락하더라도
5) 실패하더라도

2. 덕분에
1) 지원 덕분에
2) 관심 덕분에
3) 리더십 덕분에
4) IT기술력 덕분에
5) 가난 덕분에

17과 벤처 기업

주제 관련 어휘와 표현

1. 창립하고　2. 경영 구조
3. 제품 기획　4. 기술 혁신
5. 자본

문법과 표현

1. -(으)ㄴ/는 대신에
1) 올리는 대신에
2) 연기하는 대신에
3) 작은 대신에
4) 반납하는 대신에
5) 감원하는 대신에

2. -(이)라고 할 수 있다
1) 별들의 전쟁이라고 할 수 있습니다
2) 과정이라고 할 수 있습니다
3) 착각이라고 할 수 있습니다
4) 특징이라고 할 수 있습니다
5) 승리라고 할 수 있습니다

18과 경제 변화와 혁신

주제 관련 어휘와 표현

1. 대체 에너지　2. 생활 로봇
3. 유가 상승　4. 친환경
5. 첨단 기술

문법과 표현

1. -아/어야
1) 마련해야　2) 파악해야
3) 끌어야　4) 마음에 들어야
5) 겸손해야

2. -(으)ㄹ지도 모르다
1) 틀렸을지도 몰라요
2) 승진할지도 몰라
3) 근무할지도 모르니까
4) 필요할지도 모르니까
5) 받아들일지도 모르니까

19과 직장 윤리와 문화

주제 관련 어휘와 표현

1. 위반해서　2. 유출시켜서
3. 불공정하다고　4. 오해
5. 사양하기로

문법과 표현

1. -(으)ㄴ/는 데다가
1) 야근하는 데다가
2) 우수한 데다가
3) 경기가 좋은 데다가
4) 쾌적한 데다가
5) 늘어나고 있는 데다가

2. -곤 하다
1) 시간을 보내곤 했다
2) 야단맞곤 한다
3) 날을 새곤 한다
4) 나눠 주곤 한다
5) 추천하곤 한다

20과 승진

주제 관련 어휘와 표현

1. 집중력　2. 임금 인상
3. 판단력　4. 공로
5. 추진력

문법과 표현

1. -에 비해
1) 동기에 비해　2) 지식에 비해
3) 원료에 비해　4) 나이에 비해
5) 제품에 비해

2. -(으)ㄴ/는 만큼
1) 힘든 만큼
2) 부르는 만큼
3) 불만족스러운 만큼
4) 줄어든 만큼
5) 고려되는 만큼

| 성공의 지름길 비즈니스 한국어 |

Business Korean

색인(주제 관련 어휘와 표현/문법과 표현)

색인

ㅅ

ㅇ